報紙之死

我與美洲《中時》的創生與消逝

周天瑞

目錄

推薦序

老派記者替老派媒體留下的一份紀錄

王健壯

天瑞兄跟我有多重關係：他是我台大歷史系的學長，我進《中國時報》（編按：以下簡稱《中時》或《時報》）的引薦人，我剛當記者時的採訪主任，《新新聞》週刊的創業夥伴，以及四十多年迄今未變像兄弟一般的私誼。

我是一九七七年進報館的。七〇年代的《中國時報》是個繁花亂插的江湖，編輯部裡左中右獨各門各派四處林立，老記小記老編小編錯落雜置，其中有坐過白色恐怖政治黑牢的人，有參加過香港第三勢力的人，有被稱為「花瓶政黨」青年黨的人，有忠黨愛國之人，也有黨外民主運動的同路人；因為如此繁花亂插，所以也就那般繁花似錦。

從另個角度看，七〇年代的《中時》，也是戰後嬰兒潮世代進入報館開始量變引起質變的年代。老先生余紀忠當時最欣賞的兩個人，「人間」副刊的高信疆，採訪組的周天瑞，就是報館戰後世代的兩位「帶頭大哥」。信疆把「人間」編得像三〇年代的《新月》一樣，有文學，有文化，有思潮，也有論戰，被人譽為「紙上風雲第一人」。天瑞是戰後世代記者的領航人，多少人因他引薦進到報館而扮演了質變《中時》的角色，甚至開啟了台灣媒體（尤其是政治新聞與評論）的典範轉移。

但在報館以外的台灣，七〇年代是個仍處於戒嚴令掛帥的年代，言論自由與新聞自由極度稀少有限的年代，警備總部、國民黨文工會與新聞局猶如老大哥的年代。一九七五年《臺灣政論》出刊五期就被迫關門，一九七七年關懷現實的鄉土文學被醜化為工農兵文學而遭受圍剿，一九七九年與民主運動掛勾的《美麗島》雜誌，出刊五期被禁，當年十二月更爆發了美麗島事件，黨外領導人紛紛被捕入獄；可見七〇年代也是威權極右勢力當道甚至為所欲為的年代。

這就是《中國時報》當年所面對的外部環境，也是老一輩如余紀忠，少壯一輩如信疆與天瑞，所要每日周旋與對抗的外部勢力。余老先生辦報的典範雖是《大公報》的張季鸞，但張季鸞終生「人不隸黨」，蔣介石視他為國士而非僚屬；余老先生與蔣經國卻有黨魁與黨中常委的上下權力關係。報人辦報可言所當言、爭所當爭，報人同志辦報卻不得不迂迴婉轉，評人論事雖竭盡可能小心翼翼，卻仍難免動輒得咎；其結果便是，余老先生雖以張季鸞為榜樣，但七〇年代中期以後的《中時》，卻像五〇年代中期以後的《自由中國》，稍有「政治不正確」的新聞與言論，必被黨內右翼保守勢力緊盯壓制；余紀忠雖不像雷震落到最後被國民黨以叛徒視之的悲慘命運，但他不像張季鸞享有那麼多不必瞻前顧後的辦報自由，卻也是事實。

報老闆的處境如此，在第一線領軍衝鋒陷陣的天瑞與信疆，可想而知更是右翼保守勢力的眼中釘。信疆兩進兩出「人間」，政治壓力使然；天瑞兩進兩出採訪組，也是政治壓力使然。老先生雖然像核子保護傘一樣多次力保他的兩大愛將，但形勢比人強，他最後仍然不得不把天瑞「放逐」到有許倬雲任教的匹茲堡大學，把信疆「放逐」到有劉紹銘任教的威斯康辛大學，讓他們暫避風頭、遠離是非。《中時》當時已是台灣第一大報，但當一個略具自由主義色彩的報人，碰上一群腦袋裡盡是動員戡亂思維的右翼保守勢力時，退卻的卻是報人，犧牲的總是愛將。但天瑞絕沒想到的是，這股時明時暗的右翼保守勢力，幾年後又陰魂不散追到了太平洋彼岸，追進了美洲《中時》大門。

天瑞是走過戒嚴肅殺歲月的記者，嘗盡了「萬山不許一溪奔，攔得溪聲日夜喧」的苦澀滋味；從匹茲堡束裝攜眷奔向紐約的那段路程中，他心裡想必會有「到得前頭山腳盡，堂堂溪水出前村」的憧憬：終於有了新聞自由，終於可以放膽文章，終於可以放手辦報，終於等到了這些終於那些終於，從此不再有不知伊于胡底的困惑，不再有情何以堪的挫折，當記者，辦報紙，能夠擁有這麼多過去所沒有的，夫復何求。

故事的開始也確實如同他的憧憬。他可以為華人權利大聲疾呼，而改變了美國司法；可以替中國民主鳴鑼開道，而點燃了民運的海外香火；可以完整報導中國奧運選手的成績，而突破了兩岸禁忌；可以如實處理江南案新聞，而守住了專業分際；在美國可以做的這些那些新聞，在形格勢禁的當時台灣都做不到。天瑞當時偶爾回台講到這些「豐功偉績」時，讓仍然只享有有限新聞自由的我們幾位老同事，每每妒羨不已，真的是又妒又羨。

但暗黑保守勢力卻容不下也見不得自由主義媒體在異域逐步夢想成真，政治鬥爭的所有醜陋技倆，包括見不得人的黑函，包括殿前告御狀，包括外圍組織充當打手，矛頭都直指美洲《中時》。五〇年代中期，《自由中國》曾在右派發動的「向毒素思想總攻擊」的圍剿中一度奄奄一息，但雷震選擇奮戰到底，讓《自由中國》又存活了幾年；八〇年代初期，美洲《中時》遭受暗黑保守勢力發動總攻擊圍剿時，余老先生卻作出了棄守的抉擇，美好的故事就這樣急轉直下戛然而止；又一次，退卻的是報人，犧牲的是愛將。許多年後，有人曾經有過這樣的大哉問：如果老先生當年挺下來，挺到兩年多後台灣解除了戒嚴，今日美洲域中會是誰家天下？但歷史沒有「如果」，大哉問只是感嘆，是遺憾，沒有也不需要答案。

美洲《中時》關門前，我已離開採訪主任職位，在以政論為主的《時報雜誌》當總編輯。有次辦了場座談會，找了陶百川、康寧祥等意見領袖參加，談的主題已不復記憶，但內容無非是批評執政當局，呼籲蔣經國盡速推動改革等等。雜誌出刊前有天晚上，余老先生把我叫去他在大理街的家中，開口就要求我把座談會紀錄拿掉不要發表，我當然反對，他繼而又要求把陶、康二人的發言拿掉，其餘照登，我說這比全文拿掉更糟，又何以向陶、康二人交代？一老一少各說各話，互不相讓，逼得我不得不說出「我是總編輯，我負責」這樣不知輕重的「蠢話」。話才說完，只見老先生氣得把稿子往桌上重重一摔，怒聲回我：「你負責，你負責，你負什麼責？你兄弟在美國連下鍋的米都沒有了，你負責什麼？」這是他唯一一次對我的怒叱，他說的「你兄弟」，指的是天瑞等人，「沒米下鍋」，講的是國民黨刁難他，不讓他把錢匯到美國。我見他氣成那樣、罵成那樣，脫口就說「那我辭職」，說完掉頭就離開他書房，走回雜誌辦公室收拾東西；那天晚上下著冷雨，我的心卻比雨冷。後來，我也被「放逐」了，放逐到有冷紹烇任教的維吉尼亞大學。講這段三十多年前的小故事，只是替美洲《中時》的悲劇留個注腳，替余老先生當年的處境留個旁證，也替暗黑保守勢力當年的胡作妄為留個罪證。

天瑞寫美洲《中時》的故事還在《上報》連載時，有天我接到初安民的一則簡訊，其中有這樣一段話：「剛剛一口氣把十四篇連載看完，不愧是老記者手筆。」這段話說得真對真好。天瑞不但現在是少數僅存的老派記者，當年其實就已是個罕見的老派記者，年輕時我常開玩笑說他寫的文章是「新民叢報體」，擅用疊句，文白夾雜，雄辯滔滔，頗有梁任公之風，儼然老派記者。但老派記者的老派不僅是老在文字，更是老在價值，老派價值評人「是其是，非其非」，論事「筆則筆，削則削」，天瑞寫的美洲《中時》興衰故事，就是一個老派記者信守老派價值所留下的紀錄，而且是一份誠實的紀錄，他對這份倏起倏滅報紙所有的意氣風發、困惑挫折，怨忿不滿盡在字裡行間，沒有為尊者諱，沒有為朋友隱，沒有迂迴婉轉，不再曲筆為文，確實就像安民所說「不愧老記者手筆」。

在老派記者日漸凋零，老派價值蕩然無存的這個年代，誰能沒有「老派記者之必要」這樣的覺悟或警覺？看完天瑞這本報紙興亡錄後，再給自己一個答案吧。

（本文作者曾任《中國時報》社長、《新新聞》週刊董事長、現為世新大學新聞系客座教授）

推薦序
好大一場異域風雲

黃榮村

好友天瑞兄是一位常懷忠義之心，眼界跨越敵我的媒體界大老，但人在江湖，卻不免有常遭誤解甚至被背叛的浩然之嘆。最能體現他這種風格、貢獻、與困境的，應該就是這本三十幾年後重拾回憶真心告白的《報紙之死：我與美洲《中時》的創生與消逝》。就像在法庭之上的誓詞：「我說的是事實，全部的事實，除事實之外無他」（I swear to tell the truth, the whole truth, and nothing but the truth），天瑞兄已無所顧忌，帶著反省的心情，振筆直書為歷史留下紀錄。

我曾念過一年台大歷史系，隔年轉到心理系，天瑞則從輔大轉學到台大歷史系，畢業後大家都在學校羅斯福路附近賃屋而居，簡稱羅公館，蘇貞昌剛開始在張德銘的事務所執業律師，也住在一起，天瑞就租在隔壁巷子，互相之間常有往返。天瑞在歷史系畢業之後，傳奇式的向《中國時報》老闆余紀忠毛遂自薦，一路受到重用，在擔任採訪主任時針對一九七九年底美麗島事件之後的軍法大審，連番大幅報導大做特做，震驚整個社會，但福兮禍所伏，一九八〇年就在情治單位與層峰的巨大壓力下，憤恨不平提出簡短信函，自稱在此時代困局中，由於心胸狹窄目光淺短，沒詳查審度局勢，以致遭此橫逆（這是我嗆辣的解讀，天瑞原文應是相對優雅才對）。之後被迫赴美讀書，形同流放。他那時正處採訪第一線巔峰，是台灣報界有史以來最年輕的大報採訪主任，忽然碰到這種荒謬的迎面重擊，很難想像那種爆炸性情緒，究竟會如何紓解。但他走出了很困難的第一步。他在一九八二年四月奉召前往籌備，九月開辦美洲《中國時報》，也正是我一九八二至一九八三年到美國進修的期間，他在紐約我在劍橋，偶而過去走走，住過他剛在皇后區（Queens）買的房子，但兩年之後關報，就賣了這間他滿喜歡的房子，搬到紐澤西再買的房子，後來也沒留住。為了美洲《中時》，他失去了台北的房子，一九八六年為了回台共同創辦《新新聞》，又失去了美國的房子。他自稱一生勞碌，空留遺憾，但總算「曾經有過」。

天瑞在經營美洲《中時》短短兩年期間，除了發動平反底特律陳果仁冤死案，並獲得空前成功之外，也曾獨家報導過王炳章獲博士學位棄學從運創辦《中國之春》的大事。王炳章與我們同年，與台灣的關係可說始自美洲《中時》，一九九八年左右來台，說要闖關回大陸，二〇〇二年再度被捕，後來一直關在韶關北江監獄，據說多次中風。楊建利也有類似遭遇。那個時代的悲劇，真是數不清啊。

天瑞後來抓到了一九八四洛杉磯奧運的機會，非常謹慎報導了中國大陸選手的耀眼表現，深受各界矚目，也大大推銷了報份。但當時海峽兩岸還在風聲鶴唳的敵對狀態，再怎麼客觀報導再怎麼自以為周到的拿捏，都不敵有人會打政治小報告從中牟利，甚至冠以「為匪張目」的血滴子。禍不單行，接著有一篇批評雷根總統的社論被大幅扭曲成不可承受的嚴重程度，並以禍害台灣的名義加碼坑殺，因之不只得罪當道也不見容於老東家。

更大的風暴還在後面追趕，可謂是命途多舛，歹運迭至。天瑞安排以頭版大幅報導舊金山的江南自宅遇刺案，被政治解讀成美洲《中時》在影射江南案是國民黨幹的政治謀殺案。雖然後來江南案被證實確是如此，也對台灣的民主政治發展帶來巨大改革契機，確立了蔣家後代不再接班與解嚴的重大決定，不過當時的報導顯然是被有意與過度的陷害。本書還原當時最大案，幾句話講得清清楚楚，很不容易。這段文章發表時，我正在微微飄雪的札幌，驚讀這篇講述紐約異域徬徨無依的文章，真是志士流亡在大冰雪之中，他重新再想再寫一遍，心情一定相當沉重。

過沒多久，就在未能與聞之下關報，天瑞就如晴天霹靂後流浪在風雨異域街頭的人，他寫給老東家余紀忠的那封信，與當時辭離台北採訪主任後出國的信，真是一前一後，講的無非都是志士心所謂危的沉重心境。庚仲初〈從征詩〉中有兩句話：「志士痛朝危，忠臣哀主辱。」應該很合適用來描述他這時的心情。後來他自行料理生活，並獨自創業弄出一片天地，之後不忘初衷回台創辦《新新聞》。

本書各文中前後被點名的黨政要人不下十餘人，每個人都領了一張好人或是壞人的證書，可以貼在牆上。一系列文章中也顯現了在那種猜疑重重動輒得咎的時代，人會經常犯錯，決策經常無法預測又經常帶來屈打成招的結局。

天瑞在本書中清楚呈現出強韌與設定清楚目標努力完成的性格，在過去戒嚴時代經歷如此多大事，表現出遠遠超過我們同年齡人的地平線。天瑞的恩怨情仇又如此複雜，尤其是與一代報人余紀忠之間牽牽扯扯，有時像父子有時又像走在兩條平行線上的關係，他在年紀輕輕時已像活了好幾輩子，真是辛苦他了。

三十幾年後重拾回憶，一定有時時不能自已之處。書寫過往有如重新走入往日時光，心情不免多所起伏，需要回神後再出發。這些感人的敘說，也讓我深深陷入三十幾年前的情境之中，久久不能自已。

（本文作者曾任教育部長、中國醫藥大學校長）

推薦序
為新聞事業的堅守

劉敦仁

在江西宜豐縣天寶鄉的劉氏族譜中，記載著一首三十二句七字〈墨莊堂歌〉，最後的八句是：

世間何物能九傳
聖賢圖籍千萬年
魯壁群經昭日月
石渠萬卷貯雲煙

人家何用貯金玉
後世能為子孫辱
請看劉氏墨莊堂
留得詩書子孫讀

在天寶鄉辛會市的宗祠裡勒石中，還保存有清代陳姓縣令題寫的詩：

賢哉陳母創墨莊
將軍大書為表揚
相傳七百五十年
劉子劉孫寶書香

劉氏墨莊是漢高祖四弟徐州彭城劉交王哲嗣十七人共三十二支的後裔，其中一支劉式（九四九—九九七），隨南唐劉煜歸順宋朝，成為宋太祖（九二七—九七六）陛下的磨勘司。雖官位朝廷，卻清廉自守，死後僅留下書籍千餘卷，是為墨莊。

劉式後人一部分從新喻遷移至江西宜豐天寶鄉。世代為官但均謹守耕讀自律的家規傳統。岳飛抗金時途經江西，得悉墨莊的傳世家風，提筆為劉氏家族題寫「墨莊」匾額，並勒石保留迄今。遂有清代陳姓縣令「將軍大書為表揚」的詩句。

在諸多傳家的禮儀中，體現家族中遵循禮教不恥下問而打破輩分之間長幼有序藩籬的趣事記載頗多。

我的曾祖父劉寶壽（號茶生），光緒年間，先後為辛卯科舉人，甲午恩科進士。因其為庶出，輩分雖高，但年齡均小於其長兄劉寶名（字芝鄰）的幾個兒子。其中二兒子劉雲衢（字霞莊）曾為其叔父茶生公潤色文章。先曾祖父較其姪兒霞莊公早一年中進士，捷報遞到時，先曾祖父即向其姪兒霞莊公一跪致謝。為家庭留下尊師重道的美談。

無獨有偶，先父生於一九〇四年，誕生時，因為先祖母沒有奶水，當時先堂兄劉己達（字海澄）早已出生，其母親為先父的堂嫂，將奶水分給先父。終其一生，先父一直稱呼堂嫂為「開口乾娘」。劉己達是霞莊公的嫡系長孫，其父劉思祥是先父的堂兄。

因為這第一口奶，先父自始即視其姪兒已達為兄長。以「澄哥」相稱，甚至在春節大年初一清晨拜年時，先父肯定會向自己的姪兒行跪拜禮。

鑒於百年來傳世的家風，雖然我和天瑞是舅甥的關係，但多年來我一直視其如幼弟。這一特殊的兄友弟恭關係，實來自對他生母的感恩。天瑞的生母是我大姊。抗戰期間舉家淪陷上海，在百般艱難的環境裡，大姊對弟妹的照顧猶如慈母。不幸她命運多舛，而立之年即撒手人寰。她短暫的生命，在我心中留下的是聖潔和偉大。

我在一九六二年八月負笈歐洲，在松山機場和父母話別，我沒有流淚，但在和大姊擁抱時，我竭力保持情緒的失控。坐在機艙內，透過舷窗看到神色憔悴的大姊，佇立在烈日下，抬起那只無力的手臂向我揮動。頃刻間，淚水如洩洪般模糊了我的視線，震耳欲聾的螺旋槳呼呼聲掩蓋了我對大姊最後的呼喚。當飛機騰空而起後，也就是我和大姊的永別。第二年的三月，我接到報喪的家書。

大姊的離世，直接給我留下的掛念，就是她那個正需要母親照顧的少年天瑞，在我心目中，他既是我的外甥，卻更似我的幼弟。大姊長我十五歲，而天瑞和我之間年齡只相差一輪。

那時我遠在歐洲，對失去母愛的外甥，我無能為力。只是眼前不斷出現天瑞在襁褓時的可愛神情。自小，他就是我最疼愛的外甥。不久我接到天瑞的第一封信。那清秀的小楷以及信中的內容令我吃驚又寬慰，信中表達的不是一個青春期孩子的吃喝玩樂，而是嚴肅地和我探討如何步入新聞媒體的途徑。

天瑞的少年勵志令我敬佩，他信中的字裡行間，反映出的是他對未來充滿憧憬和決心。令我惶恐的是，以我當時的才疏學淺，如何才能給他適合的建議，而不至於「誤人子弟」。無論如何，通過書信的往來，在我心中逐漸樹立出一個新聞界未來的傑出從業者的形象。

因為生活的不安定，我的住所經常搬動，和天瑞的聯繫也從此中斷。偶爾從華僑商店或餐館的過期台灣報刊中，瞭解到天瑞已經踏入新聞界。我為他能實現夙願，成為一名新聞記者而感到驕傲。

在二〇一二年的秋天，我和妻子以辛亥革命烈士後裔身分，應邀出席在北京舉行的辛亥革命一百週年慶祝活動。在接待的大巴停車場，我被突如其來的一聲「大舅舅」所驚訝，回過頭，正是天瑞。而這一聲「大舅舅」，將已被遺忘的半個世紀點點滴滴，一剎那間全部湧現在眼前，而引發我寫下這樣的兩句話：

慈母風範昭日月
孝子砥礪耀光輝

我沒有「如同隔世」的感歎，湧出的第一反應是我們都成熟了。他是以唯一的台灣新聞從業人士身分，應邀到北京出席是次盛會。這不是巧遇，而是依託先輩的英靈，安排了我甥舅的重逢。他臉龐上的笑容，使我回想起大姊生前的慈祥容貌；他對新聞事業的執著，也憶及大姊在逆境中表現出的堅強意志。從而令我和天瑞之間，進一步建立起更甚於舅甥關係的「兄弟之情」。也更增加我對大姊的追思和感恩。

二〇一八年十一月，我陪妻子到台北作例行健康檢查，和天瑞伉儷共進午餐，席間，我向他就這本作品的內容表達了我的看法。在這之前，天瑞按期每隔一週，即用微信傳給我一個章節，我都會細細地閱讀，體會到他是一位極其難得的盡忠職守的新聞從業員。在任職《中國時報》時堅守崗位腳踏實地的工作態度。深得上級的賞識，接著派遣他開闢《中國時報》在美洲的新天地。

經過拜讀，對天瑞在美國籌辦《中國時報》美洲版的艱辛過程，佩服他過人的勇氣和毅力。由於我離開台灣超越了一個甲子時光，對台灣的政治生態和新聞事業的發展完全陌生。所以對作品中鋪陳的政治背景，以及描述的《中國時報》和台灣當局的政治關係，和後來發展的局面，我都沒有權利表達任何的客觀公正意見，更不具備妄加評論的基礎。只能從作品的字裡行間，膚淺地用「塞翁失馬」來形容天瑞當時的境遇，也許還差強人意。也印證了「禍兮福之所倚，福兮禍之所伏」的先人哲理。

不論如何，這部在新聞界有著積極影響力的作品，對台灣報業發展歷史留下了珍貴史料，更重要的是對當今年輕新聞從業員，有著積極深入的教育作用。

在交談中，天瑞突然給我下達了一個任務，為這部重要著作寫序。這令我誠惶誠恐，說實在的，無論在寫作或是事業的成就方面，我都不如天瑞。這絕不是客套，因為「專業」和「業餘」是他和我的真實寫照。天瑞在我心目中，永遠是事業成功的典範。

在拜讀全部作品後，曾和天瑞交談討論，感佩他超乎常人的智慧和處事藝術，面對艱險處境以及周遭的壓力坦然應對。從他的言談中，瞭解到台灣一方面要面對艱難的國際境遇，一方面還得堅持走反共路線，導致《中國時報》在美國發行的時候，受到很多掣肘，從而給報刊造成非常尷尬的處境，一邊要應對來自台灣的疑竇和不信任感；另一邊，作為報紙的負責人，又不得不對在逆境中辦報的天瑞加以並不情願的壓力。

譬如在報紙開辦期間，正逢在洛杉磯舉辦的國際奧運會盛事，其中尤以大陸選手首次參加是次的國際運動盛會最為矚目。作為新聞從業員，處理這則重要體育新聞應是責無旁貸，而且對當地讀者也是望眼欲穿的報道。因為凡是中華民族一員，不論屬於何種政治背景，受到民族自豪感的驅使，自然對中國選手在奧運會上爭金奪銀的成功有所關切和期待了。

遺憾的是，由於大陸選手是共產黨培養出來的運動員，按照反共的推理，如美洲版的《中國時報》用重要版面，來報導大陸選手獲得獎牌的消息，從台灣的角度看，就有左傾的嫌疑。

雖然《中國時報》的負責人支持天瑞這個本於新聞原則的作為，卻抵擋不住隨之而來台灣當局的壓力，一反辦報之初的恢弘氣派，不免對天瑞生嫌惡之心，形成辦報的新聞自由與欲加以牽制的矛盾現象。但是天瑞卻冷靜相對，並期望能力挽狂瀾，展現出一個真誠而公正的新聞從業員應有的磅礴胸襟。

雖然《中國時報》最後不得不向政治屈服低頭，關閉了美洲《中時》，卻並沒有讓天瑞對新聞事業的追求稍有懈怠，一如既往地抱著對新聞理念的執著砥礪奮進。回到台北，在不同的新聞領域中探索奮鬥，包括創辦《新新聞》，並任職中央廣播電台等等，在沒有外界的干預下，如魚得水，瀟灑自如，實現他對新聞事業的理想，他的成就引領他成為新聞界後代的楷模是當之無愧的。

在結束這篇短文前，我將本文開始的劉氏〈墨莊堂歌〉的最後兩句：

請看劉氏墨莊堂
留得詩書子孫讀

改寫成：

請看周君美洲夢
流傳佳作代代讀

這是我對天瑞新作的祝賀，並期待他有更多更精彩的作品問世。

二〇一八年十二月十八日

（劉敦仁，本書作者的大舅舅，一九六二年起負笈海外，曾擔任《聯合報》駐馬德里及羅馬特派員，撰寫有關歐洲文化藝術之航訊，頗負盛名，是周天瑞投身新聞界的啟蒙導師。現居加拿大溫哥華。）

自序

一九八三年二月十一日，中國的農曆除夕前一天，一場突如其來的驟雪，打亂了紐約人的生活節奏。

這天傍晚，我正在中國城一家餐廳邀一位未來的同事吃飯。吃著吃著聽說外頭下雪了，不以為意，漸漸人聲鼎沸了起來，嚷嚷著雪越飄越大了、開始積雪了、雪越積越高了、要釀雪災了……。

看來雪大人這回打算逞凶，便匆匆餐畢，朋友趕去搭地鐵，我則去取車。這時候走在雪地上已覺辛苦，到了停車點，發現車已深陷雪堆，動彈不得；即便移出，恐也難保在雪地上能安全行駛，更不知已見大混亂的路面交通，能否確保到得了報社。

我只好「棄車」，改搭地鐵，以為這會使我到班順利些。哪知，受到大雪的衝擊，又適逢尖峰時期，人群大量湧入地鐵，地鐵站萬頭攢動，有如難民潮。地鐵車進站時擠滿了急著回家的人，幾乎不見人下車，當再次啟動時因勉強又塞進了一些人，個個被壓縮得有如沙丁魚一般，以致候車而搭得上車的進度緩如牛步。

眼看著地鐵車一班一班開走，時間分分秒秒過去。等到好不容易擠上車，好不容易有幸成了沙丁魚，到了換車點下來，同樣的情境又要重演一遍。在那個地下世界裡混合了各種異味，充斥著滿心焦慮，耗費掉無法預期的時間。要命的是，在這個狀況莫名的當下，不時還會傳來有關地鐵線中斷的消息，真假難辨，心裡不住地祈禱那可別是我要搭乘的路線。

終於拚著老命從最接近報社的地鐵站攢了上來，伸頭看見大地，抬腿踏上地面，乖乖隆的咚，雪已深到了大腿之上！原來，就在與地鐵奮戰的這幾個小時裡，風雪肆虐不僅跟著大有長進，還顯得樂此不疲。在既無退路，又無救援之下，只得踏雪前行。

暴風雪的夜晚一片朦朧，路燈昏黃得只剩微暈，視線茫茫，深雪重重，有如置身鬼域，這段本來就有些距離的路程，走起來格外迢遙漫長。好在方向和目標是清楚的，便咬緊牙關，硬著頭皮，把腳深深踏出去，再用力提起來，一步一步，機械式地跟那大自然較勁。

有道是只要堅持，沒有過不去的坎兒，再辛苦也終於進了報館的門。幾個早到的同仁見我到來，驚喜得一陣叫嚷，他們剛剛才經歷了踏雪上班的各種險境，知道來之不易。這時候時間指向十一點半，已是接近午夜了。

突來的一場大風雪，通訊和交通系統為之大亂，報社高層沒人敢下達停班令，但也沒人知道同仁能不能到得了班，或到班的人力是否足堪出報。誰都沒把握下一步是什麼狀況，全憑天意，還有，同仁的毅力。

說也奇怪，準時上班固已極度奢侈，但是進到報社的人可並沒停，相隔沒多久出現一個，一個接一個。每出現一個，便引來一陣騷動，又是掌聲，又是驚呼，尤其當遠距同仁或嬌嬌女同事（像是羅久蓉、王蒂蒂、馬勵）也出現的時候。上班本是一件平常事，從來沒有像今天一樣受到這麼熱情的對待，每個到來的人都像極了百戰歸來的英雄。

新出爐的英雄們一邊受到歡迎，一邊述說著不盡相同的歷險記，有駕車拋錨的，有搭錯地鐵的，有遭停駛折騰的，有從公車上半路下來的，有受到搭救的，也有自顧之不暇卻還幫忙別人的……，把這間位於皇后區長島市（Long Island City）的廠區辦公室，撩撥得熱鬧非常。

結果，在這麼惡劣的天候下，竟沒有一個人缺席。受到這麼多躭誤，竟照樣準時出報！

這是不可思議的事，沒有人自動放假，也沒有人半途放棄，儘管不無抱怨報社不夠體恤，但個個排除萬難，在風雪最大、狀況最壞的時候，來到報社，完成出報任務。

他們衝著一張才誕生了五個月的報紙而來，這張叫做美洲《中國時報》的報紙正努力想成為最好的中文報紙。他們正在創造這個歷史。

那是一九八〇年代，國民黨從大陸敗退台灣已經三十餘年，這三十餘年的美國社會也積漸充斥著由它而來或與它相關的各種人。這些人大不同於過往的移民，他們充滿能量，潛力無限，彷彿渴望著奉獻些什麼給說著相同語言，流著相同血液的人。然而萬事俱備，只欠東風，他們需要一個平台。

一九八二年九月美洲《中國時報》的橫空出世，適時打造了這個平台。它是敏銳而開濶的，且是認真任事，深具使命感的，為古今中外報紙所不多見。它聚攏了各方能人馳聘其間、揮灑其間，因而締造了一頁傳奇，引領了一時風騷，至今難以從許多人的記憶中抹去。它本身就是那個時代的縮影，它且以時代的縮影積極尋覓、碰觸、探索乃至結合各個方面的人群，想與他們共同豐富那個時代的內涵，藉由海外才有的難得遇合，為他們念茲在茲的母國注入美好的可能。

人群中最大一部分是從台灣負笈美國的。他們跟隨父母在一九四九年前後從大陸跨過台灣海峽，還有更早在三、四百年前即已橫渡黑水溝去到台灣的後人，於國民黨治理期間在台灣受完大學教育，即遠渡重洋赴美深造或移民。如此經年累月，在美國造就了一批學人和商人。學人多是在美國各大學取得教職或在各大公私機構從事技術與研發工作，商人則是胼手胝足經營商業包括各類服務業，已形成具備投放廣告能力的經濟規模。他們有的已蜚聲國際，飲譽四方，有的雖無赫赫之名，卻在專業領域裡頭角崢嶸，飽受看重。

當時的國民黨特別懂得延攬，藉由召開國建會之名，讓旅居海外學而有成的人有受邀返台提供意見的機會。台灣的《中國時報》很早就邀請他們寫專欄，在那個傳輸不便的時代，為應時效，往往要透過國際電話由對方將寫好的稿子報過來，我們快速逐字聽寫後發刊。我在台灣的時候除了採訪，便是擔負邀稿與錄稿的工作，來到美國辦報後，就更是以聯絡他們為務，爭取與維繫他們常態化供稿。

由於他們享有在美國的學術地位，甚至具備美國公民的身分，加上又有相當豐贍的現代學術理論基礎，而個性基本平和，談論時政得以溫良恭儉讓地指出問題，提供觀點，以致在那個還未完全開放的時代可謂擁有比較寬鬆的言論尺度，甚至享有某種程度的「言論特權」。在報社本身言論受限的年代，以邀稿或採訪的方式，「借他們的口、說我們的話」，是《中國時報》最早採用的招術，而在美洲《中時》達到極致。

因此許倬雲、余英時、丘宏達、田弘茂、高英茂、張旭成、李金銓、熊玠、楊力宇、高資敏、張緒心、夏志清、唐德剛、劉紹銘、陳若曦、姜敬寬、叢甦、李子堅……，便成了海外名家，他們以歷史、政治、法律、文學、傳播見長，他們的文章經常出現在美洲《中時》的顯著版位上，在當時的環境中提供了不少具有前瞻性的看法，縱未必一一及時奏效，對於後來台灣的政治改革都曾發揮過莫大的影響。

這是一批獲得國府接納的學人，另外一批則有不同的命運，他們在中共推動「回歸」、「認同」期間及在「保釣」運動階段，曾經選擇了中國大陸，或表達過對國府的不滿，後來以進入聯合國中文部為集結，比如劉大任、張北海、郭松棻、水秉和、陳文輝、楊誠、姚立民等。以及因在美國成立台獨組織，他們具濃厚的台灣意識，主張台灣獨立建國，紛紛以FAPA及台獨聯盟為集結，比如蔡同榮、彭明敏、陳唐山、王桂榮、張燦鍙、張富美等。二者皆被列入黑名單，長期斷了歸台回鄉之路。

這兩路人是最早的統派和獨派，都不見容於國府而被視為異端、分歧分子。美洲《中國時報》以開明自居，不但未以寇讎待之，反而照樣敲門，一探究竟。我們從新聞人角度找出去異求同的途徑，在接觸、採訪，乃至適當邀稿的過程中，成為受到信賴的媒介，試圖找到拉近距離的可能。不管國府領不領情，美洲《中時》的確有如戰國齊人馮諼之為孟嘗君「市義」一般，盡到過心意。

但最受我們傾心的是站上美國政經社會據點的中國人，包括為華人排難解紛、爭取權益與清除出頭障礙的社區工作者。前者有繼早年鄺友良、余江月桂之後在選舉上嶄露頭角的吳仙標、陳李琬若及在行政上進入政府部門的鄭向元、涂平子、趙小蘭等，還有太空人王贛駿、建築設計家林瓔、知名主播宗毓華、董凱蒂、環球小姐梅仙麗等。後者以紐約平等會的陳婉瑩、組織選民協會的歐信宏為代表，他們總結歷史經驗，著手喚醒華人權益意識，為此聲嘶力竭、摩頂放踵的身影，至今應常留在全美各地採訪的美洲《中時》記者如胡鴻仁、楊人凱、羅鴻進、周天瑋、林麗蓮、邱秀文、何清、郭貞等記憶之中。

傑出的華人藝術家也如雨後春筍般出現在美洲大地，特別以在紐約居多，攝影家柯錫杰、李小鏡，畫家姚慶章、韓湘寧、夏陽、楊宏熾、舞蹈家樊潔兮，是其犖犖大者，以及此時還在孵豆芽、後來大放異彩的導演李安……，他們在藝術上的成就令人激賞，連我都時相過從，就更別說負責約稿、聯繫與採訪的詹宏志、楊人凱、楊澤、陳玉慧、馮光遠、梁章通、李巨源了。美洲《中時》褒譽他們，在版面上可是從來不知吝惜的。

至於數不清的影藝和體育明星如嚴俊、李麗華、夏台鳳、鄒森、蔣光超、吳兆南、張俐敏、陳祖烈、盧義信等等，以及新竄出的網球好手胡娜，自更是做為記者的如溫禾、吳忠國、張明玉、龔樹森、崔玉群、楊人凱為滿足讀者閱讀需要而忙著追逐的對象。

自從聯合國的中國席次代表權轉換以後，一大批原為支持台灣及國府而打拚的愛國華僑，無論新僑老僑，此時都已領略到撲面而來的大陸增長因素，開始感受到世變將至，消長起落恐成趨勢。實際上這廂誓死效忠，那廂易幟倒戈，如此的人際矛盾與陣地衝突，即或還沒到達無時無刻不在上演的地步，也已是隱隱然就要問世的戲碼了。

面對此情此景，美洲《中時》再怎麼自由開放，也必然顧到老闆立場，偏向友台力量，對於當時稱為「愛盟」的親國府活動，從來沒少支持，對於當時僑界諸如協勝公會、安良公所這類堂口都以禮相待，對華埠的表面龍頭中華公所自也要極力交往。

有一回我駕車行經曼哈頓大橋時，遭迎面快速滾來之輪胎鋼圈擊中，右邊擋風玻璃有如炸彈開花，砸成密集蛛網，鋼圈在擊中玻璃後反彈出去，留下一個大窟窿，所幸尚不足以砸進車內。此刻坐在車內副駕駛座的正是《中國時報》的老闆余紀忠先生，全身滿布碎裂的玻璃，當時的自然反應是以手拍除，我趕忙阻止，以免割傷。在鋼圈飛奔而來的瞬間，橋上毫無走避之餘地，唯有聽天由命，可謂飽受驚恐；若非安全玻璃或若其安全係數不夠，以致輪胎鋼圈穿透玻璃，直接命中余先生，任憑力道有所抵銷，重擊依舊不免，將釀成何等禍害！及今思之猶渾身冒汗。

這趟險些釀成不測之災的余紀忠紐約歷險記，便是為了要前去位於大橋彼端的紐約華埠，向中華公所主席梅伯群做親善拜訪！代價是一趟出生入死的經驗，以及，所費不貲的安全玻璃換裝。

然而，做為有想法的報紙，在對待華埠的態度上自也有所不同。除了對於每個華埠的派系鬥爭現象不時提供諍言之外，尤對於其助長華青幫派相互殺伐之風，有所揭露與針砭。這麼做就要擔風險，要慎防幫派上門找碴。擔不起的就如華埠弱雞記者李文森留書出走，任憑我和胡鴻仁、楊人凱連袂連夜在他住家窗口頻頻呼喚，硬是拚命忍住，避而不見，堅辭他去。擔得起的則如唐人街中年老鳥袁家松，每天坐陣華埠辦公室，定睛面對街面，密切注意動靜，就以這麼過人的膽識，嚴加守護報館，令人由衷敬佩！

在中國大陸重新開放海外留學之門後，美洲大陸明顯有了一批具特殊景觀的留學生。他們因中國大陸的公費派送而來，自從大陸斷裂西方、走向鎖國，已三十多年神隱，如今的出現特別引人好奇。

他們因文革耽誤了學習，比一般留學生起碼年長了十歲。他們受到政府監控，沉默寡言，衣著灰暗，表情嚴肅，不得單獨行動，旁人無法接近，個個似都是根正苗紅的黨國人才，卻不知道面對擋不住的外在衝擊，究竟內心在想些什麼。

另一方面，中國大陸也不乏因海外關係而來的人，在相對自由的探觸下，不僅因語言相同無礙交談，甚且連話題和想法也有相當的一致性，並不覺在完全不同環境下的成長，就與其他背景的人存在著一定的溝通障礙。

由此不免使人推想，上述兩種截然不同的人，也未必一定天差地別到全然無法交集的地步，相互間應該也能找得到共同的價值觀，特別在回歸人性面，以及放下那濃得化不開的政治立場的時候，沒有誰一定是說不上話的怪物。

這個推想在梁恆身上得到證實。梁恆是文革時期湖南長沙高純度的的紅衛兵，文革後娶了他的英文老師來到美國，他與妻子夏竹麗以英文書寫《革命之子》，向西方世界講述那段黑暗時期的心路歷程。當得知這個訊息，便好似看到人性之光，更好似印證了心中的設想並不是虛幻的遐想，當秉筆報導時內心確實禁不住澎湃。

發生在公費留學生王炳章身上的故事又是另一個澎湃。當他取得博士學位既將榮歸北京之際，竟師法同樣習醫的孫中山，要放棄一切，在海外搞民運。他到紐約向新聞界做此宣告，這一幕既不是幻覺，更不是國民黨的反共劇，真實無比地出現在眼前。

比我略小幾歲的胡鴻仁、楊人凱和我一同採訪這些新聞的時候，真的沒有什麼黨國位份與意念，無非就是面對一個在當時具有震撼性的新聞事件。這個事件自有將來的發展決定命運，但在完全不同的世界裡有著相同的人性需求，則是我們格外深刻感受到的，內心自不免澎湃。

這樣的新聞不會天天發生，來自中國大陸的新居民也不會個個都是梁、王，但一份落腳在此的新報紙，卻不能與他們全無連結。這不是討好，也不是做工作，而是媒體從業者對時勢的一份感應，對受眾的一份尊重。

美洲《中時》便是在那個時代，置身於那樣的環境，接觸到那許多各樣不同的人而辦的一份報紙。若說它有多麼成功，那是因為有這麼多精彩而豐富的人使然，以及有那個既經形成又將變遷的環境使然。美洲《中時》迎向前去，傾心接納，醉心在那個無比新奇美好的景況之中。

不止是外在環境，參與其事的時報人，來自四方八面，涵蓋左中右獨，都浸淫奇門盾甲，身懷各樣絕技。莫說編採部門，即便是業務單位，也有如趙怡、邵宗海、張靜濤、張靖宇、莊安理、強偉城、羅鴻進、梁東屏這些高學歷、高能力的好手肆應各方，大展拳腳。而永遠處身幕後、功成不居的印製部門，在報業彩印大師兄胡為民的領軍下，複製並發揚了台北經驗，分在美東美西裝設彩印廠，承擔起賞心悅目的印製重任。印刷同仁各個充滿活力，熱情奔放，我永遠記得，當豔星藍毓莉造訪洛城美洲《中時》，他們如何瘋狂相迎，那恐是藍大妹子從未經受過的場面。

然而俱往矣，如今狂熱已過，繁華落盡，莫說美洲《中時》離世，即便它的大本營《中國時報》也已易主。大家長余紀忠老先生大去了十餘年，不少當年戰友如許世兆、林博文、徐啟智、鮮正台、周昌龍、陳博文、蔡來進，也已先後去到天家。

那一段風華，那一時風騷，是我新聞生命裡最緊湊，最有張力，也最富戲劇性的一頁。它是一個從無到有，從有到好，再從好到無的過程。我親歷其事，主持其事，用的當然是參與式觀察法，便說的盡是我與它之間的林林總總。

以一個早已經從那番刻骨銘心裡走出來，之後又經歷了好長人生的人來說，回憶是沒有抱怨、沒有氣怒、沒有哀傷的。我將我知道、經歷、感覺過的寫出來，其中有時代的紀錄，辦報的思考，經營管理之道，處事待人之方。述說了突破和成就時的狂喜，也道盡了經受苦惱與掙扎時的煎熬，有自得，也有自省。新聞上如何斟酌輕重，職涯上如何拿捏進退，我做了堪稱深刻細膩的刻畫；對一份報紙的起滅興亡，在傳言與真相之間，外顯與內蘊之間，我做了力求不拘一格的探索。我已盡其所能，依所知所感書寫了這段歷史，然而這也僅是我的一隅之得，與全貌相去必有闕漏疏失，還請當時眼觀四方、耳聽八面的各個方家，在我已言未言處補正包涵。

感謝鼓勵並啟發過我的朋友，感謝參與其中惠我良多的工作夥伴，感謝一路相伴歷經甘苦的妻子宋曼玲，感謝出版此書的老友初安民，感謝為我寫序的名家黃榮村、王健壯，特別是那自我少年時期就影響了我的大舅舅劉敦仁先生。這些感謝不是從俗之詞，是真心實話。

我的一段人生故事

【寫在前面】

以下是我的一段人生故事，講述我和美洲《中國時報》之間痛徹心扉的點點滴滴。

一九八四年十一月十二日（美國時間十一月十一日），正當美洲《中時》辦得風生水起、叱吒風雲的時候，突然宣告停刊。這個被稱為「雙十一事件」的消息，唯「震動天下」足以形容。

這是一份在美國辦的華文報紙，雖然與台灣相距遙遠，在台灣也少有人讀過它，但在這一天，台灣與全世界的中國人，特別是美加地區華人，以及美國主流媒體，都同受震撼，同聲嘆惜。

一代報人余紀忠先生在高度保密下，以迅雷不及掩耳的方式，並極富政治意味地宣告：壯士斷腕，關報！

究竟怎麼回事？為時僅兩年兩個月零十一天，它就走入了歷史，為什麼？從事發第一天起，這一直是大家心頭的疑問。

我自始參與了它的創辦，也是「被關報」的總編輯，與它有著血肉相連，汗淚交織的關係。這個問題好像只有我能回答。其實，我仍未必是最有資格的解謎人，也不願用過於簡單的方式輕率答覆；不過，事隔三十五年，透過回憶錄的紀實，追述那個時期的真相，好像起碼是我應該做的一件事。

話雖如此，若不是朱奔野牧師的經年叮囑，王健壯、胡鴻仁的一再催促，恐怕也不會就此結束拖延，停止躊躇。現在，隨著序幕的掀開，就請你耐著性子看下去吧，關於這個問題的大哉問，答案大概就在其中了。

美洲《中國時報》是至今最好的中文報紙，本書既是追述，更是追念。

＊

一九八二年四月二十五日，我攜家帶眷，從匹茲堡抵達紐約，懷著一個重要使命：參與籌辦美洲《中國時報》。

那時候，我已和《中國時報》有了十一年淵源，從一九七一年八月毛遂自薦走進台北大理街，到一九八〇年六月倉皇奉命去到美利堅，到此時

初入《中國時報》擔任記者的周天瑞。

結束匹茲堡大學碩士班學習生涯。從國會記者、黨政記者、專欄記者，到採訪主任、海外版總編輯，到再回鍋採訪主任，到此時受命面對新挑戰。從小記者到大記者，到被提拔為記者頭，到兩次上下台，到流放海外，到《中時》首例全額資助赴美深造，到此時接下重任開疆拓土創辦新報。

有關這段前史，我將另文詳述。這裡要說的是，美洲《中時》是怎樣的一份報紙？以及，它怎麼成了海市蜃樓、無影無蹤？

從未見過酷愛辦報有如中國人者。大凡在中國人所在之地必有報紙，在中國人比較多的地方，報紙也跟著多，哪管一家比一家簡陋窮酸，總有人不改其志。這個現象的華文報紙，美國是大本營。

這些報紙大抵充斥著兩種話，一是大話，一是小話。大話大到議論家國大事，個個滿腹韜略，彷彿懷抱救國救民、捨我其誰的鴻鵠之志。小話小到華人之間的是非八卦，即或不是東家長西家短，也往往不脫無病呻吟、雞零狗碎的殘敗寒磣格局。

似此只要有華人的地方，就有一種叫報紙的東西，標榜著表達理念、傳播訊息的作用，既有人辦，也有人看。從另一方面說，那時候，中國人似乎天生喜歡文字，沒事買份報紙看看，成為不少人的生活習慣。既然有人看，自然就有人辦。

但是它零散、不集中、規模小，各自為報，互相抵銷，誰都沒影響，統統只能叫小報。如果有誰以較大的財力做專業化經營，說不定能一紙風行，成就華文大報氣候。

一九七〇年代，兩蔣交替，海外除了有不少早年去到美國俗稱「老僑」的移民，也因留學、經商之故，從台灣移出了不少人口，他們在美居留漸成聚落，而有「新僑」之稱。這些華人的人數逐年增長，直逼百萬。後者因教育、經濟條件較為優越，質與量凌駕前者是明顯的趨勢。

台灣是新僑的僑鄉，而從過去歷史看，中華民國當然也希望永遠是老僑的僑鄉。這些新僑老僑的人心向背，被認為關乎在台灣的中華民國的氣勢和命脈，需要牢牢抓住，這個「戰場」不能哪一天又敗於中共之手。

蔣經國注意到了這個問題，然而當時只有《中央日報》每天選編當日內容為航空版航寄海外，不具即時性也無在地性。國民黨尚有《少年中國晨報》這類老掉牙的黨報，或還有些私下資助的親國府小報做為外圍，但都如船過水無痕，起不到多少作用。

一九七五年蔣介石死後，蔣經國找了余紀忠、王惕吾兩位報老闆，從內外大環境說起，說到爭取海外人心的重要，希望借助他們兩位的財力、人力、物力到美國開辦報紙。余、王此時雖還未加封中常委，但早已都是國民黨中央委員，與蔣家淵源殊深。蔣經國初掌大位，面授機宜，看似商量，實與上級領導交付任務的命令無異。他們知道馬虎不得。

但當天回到報館余先生與我們說這件事的時候，面露難色，顯得很傷腦筋。他說了一句令我至今記憶深刻的話：

> 海外的信息和思想比國內開放，用國內的新聞尺度在國外辦報，讀者不能接受；若顧到海外的尺度，又很難見容於國內。同一尺度，不好；不同尺度，也不好。

到海外辦報，既為爭取人心，余紀忠首先想到的便是尺度，說明他辦報重視方法和效果，不願一味為了宣傳而不顧報紙的信度和形象。他很清楚，若以國內不論主動被動的設限為之，怕是拿不出去。但又馬上想到，一份報紙兩種尺度，必會招來質疑。

這是個關鍵性思考，他一時無解，不敢貿然投入鉅資開赴美國戰場，於是沒有即刻照辦。這個關鍵性思考其實預示了，後來的開了又關，還是繞不過這個難題。

他沒有聽蔣經國的話，但也沒有置之不理，乃踵步《中央日報》，認認真真辦了一份海外版。雖有聊資因應的意味，仍比《中央日報》豐富好看得多。這是一份有如《國語日報》大小的小型報紙，以道林紙精編，並特製一些較易為海外接受的文章和內容，按日空運美國，司馬文武和我一開始就是主力作者。後來改版為雜誌型，我還一度擔任過總編輯，大幅提高自製率，不再以《中時》的既有內容充數，金恆煒、李利國、林清玄都是寫手，黃年、金惟純也曾先後加入，一同見證過這段歷程。《時報》海外版可謂美洲《中國時報》的前身，也是我以海外為概念的辦報初體驗。

余紀忠等於以「半套」方式回應了蔣，但與蔣家淵源更深的王惕吾（曾為蔣介石的警衛團長）則老老實實以全套相待——直接進軍異域，一九七六年二月十二日北美《世界日報》風光發行，是第一個以現代化報業規格呈現的海外華文報紙。

美洲《中國時報》於一九八二年九月一日才創刊，比北美《世界日報》足足晚了六年半。

余紀忠之所以沒有馬上開報，與他的人生辭典中的一個詞語——「不為人先」有很大的關係，這個詞語常在他遇到難決之事時做為指導方針。以「半套」方式將觸角伸向美國，便是「不為人先」此一行事哲學的典型之作：先看別人怎麼做，再來審時度勢，謀劃如何走下一步。

因此他沒有停止思考這件事，事實上，做為長期的競爭者，他也不會安於、甘於看到對手多出了一份報紙，多了一份飛揚。

當然他也看到，《世界日報》當時的報面表現徹頭徹尾就是一份宣傳報，或稱機關報，從新聞到言論完全正面表述，被海外許多人譏為「比《中央日報》還《中央日報》」。

這是最安全的做法，但在海外人士眼裡，顯然是得不到尊敬和信賴的，它所能爭取的人心是有限的，自然也是受到批評的。這不是余紀忠要

余紀忠先生主持美洲《中國時報》創刊酒會。（圖片翻攝自《中國時報》四十週年特刊／周天瑞提供）

辦的報紙，《世界日報》的先行，不但沒有阻斷他的路，反而給他留了機會。

但他總要想透，怎麼解那道難題？

這六年多發生了一連串的大事。繼台灣的外交關係持續雪崩後，美國也轉而與中共建交，台灣憂患重重。內部則黨外運動蠭起，中壢事件、美麗島事件、林宅血案、陳文成命案接踵發生，朝野關係日趨緊張，何去何從充滿變數。而大陸刻已走出文革，正由鄧小平帶領邁向改革開放之路，一個不一樣的中國大有可能形成。

余紀忠先生雖因抗戰軍興，從英倫回國投身軍旅，但以他中央大學歷史系和倫敦政經學院的出身背景，他的文化素養高，政治敏感強，尤具傳統知識分子之使命感。他既希望，也預知，變局即將到來，順應民主的發展勢所必行，報紙一定要有角色。然而他也深知，走上民主自由之路不能帶來動亂，要以國家利益的觀念為導向，要以愛國家為依歸。

他漸漸把這些心念化約成了兩句話：「開明、理性、求進步；自由、民主、愛國家」。後來被我們稱之為「十四字箴言」。

這十四個字像是通關密碼一樣，讓他在兩個都以「中國時報」為名的報紙，卻因主要發行對象之不同，而有不同的呈現方法和角度上，找到了平衡點——不管怎樣表現開明、理性，不管怎樣追求自由、民主，必以進步為念，更以愛國為目標。藉此要求於內，也藉此正告於外。一方面不要過於催促他進步前行，另一方面更不必給他扣帽子，質疑他對國家的忠誠。

既然有了振振有辭的說法，余紀忠便決定大舉進軍新大陸了，儘管晚了六年多，卻說不定正逢其時。以我之體會，他想辦一份好報紙，在未來的世變中以海外為基地，對台灣、對大陸發生影響，這可能是純粹立足在台灣的報紙做不到的。所謂出口轉內銷，乘桴浮於海，庶幾近之。

經過這六年多，《中國時報》的體質益趨健全，發行量已穩居台灣第一，財力進一步扎實。在早幾年即已首開其端的世代交替、人力換血計畫此時更見成效，新時代人才蔚為鼎盛。這些都是向外擴充的重要條件，一切都似為這一天的到來做著準備。至於有人說兩年前把我放洋，就是余紀忠為海外辦報預走的一步棋，我不知道，也從沒問過他。

周天瑞當年在美全家福。

一九八〇年六月，余老闆一聲令下將我發配美國，九月入學匹茲堡大學公共暨國際事務學院（GSPIA），不及一年，聽聞他已決定在美開報，隨即命我準備次年四月底前往紐約參與籌辦。於是我咬著牙關加緊修課，及時通過論文考試，再帶走三個學分的 independ study，日後補上報告，則學分數達標，仍依計畫順利取得碩士學位。

一九八二年四月二十五日便在這個情況下，打理好匹茲堡的一切，駕著一輛Oldsmobile皮頂開了花的N手老車，掛著租賃的 U-Haul 載物拖車，全家大小包括兩個月前甫在匹城新生的小女兒，一行四人，踏上征途。

我們習慣稱呼為「余先生」的這個人

踏上征途，意味了重新面對余老闆——我們習慣稱呼為「余先生」的這個人。我覺得有必要先經由我的口說一說他。

余先生為了抗日戰爭，中止了倫敦政經學院的深造，回到國內。因為海歸高知識分子的緣故，他投身軍旅就從少將開始編階，並依專長參與的都是跟政治任務有關的工作。他被派在陝、甘地區主持軍事或幹部訓練學校的政治部、教導部，還在蔣經國主領青年軍軍政時，當過他的政治部主任，也在蔣任中央黨部訓委會主委時當過他的主任祕書。實際做了哪些事不常聽他說起，但明顯與後來的政工不一般，應當檔次更高一些，是智庫智囊的那一種。

抗戰勝利後他被派往東北，先後在東北行營、東北保安司令部擔任政治部主任，處理接收復員的工作，並且創辦《中蘇日報》。這是他與報紙結緣的開始，不過這可不是個愉快的經驗，因為報社被不少中共地下黨員滲透，為東北形勢的逆轉，起到過一定的作用。接收大員陳誠很不諒解他，揚言要斃了他，使他有很長一段時間活在這個陰影中，據說是蔣經國保了他。

由於我的父親同一時期也在東北行營任上校軍需官，雖然他們彼此沒有隸屬關係，也不相識，卻因這個東北淵源，使我對余先生彷彿多了一份對鄉前輩的認同感。而我與他的長公子余啟成，一九四七年同在瀋陽出生，在後來彼此的相處中也顯得比較易於相互接納。不過，我卻從未與余先生談過這個話題，我不喜攀附，我們之間好像也不需要扯上這層關係，因為它絲毫影響不到彼此該有的歡喜及該發的脾氣。

東北的陰影使余先生在來台之初度過了一段困頓的日子，他起初在經濟部物資調節委員會編輯一份油印的商情彙刊，叫《徵信新聞》，漸漸變身為《徵信新聞報》，在擴展內容及於其他新聞的過程中，工作同仁往往還受到採訪對象的調侃：「這又不是財經消息，你們幹嘛來採訪？」直到一九六八年，一個大氣、響亮、居世界前沿的報紙名稱——《中國時報》取代了《徵信新聞報》，《中國時報》昂然誕生了。

而就在半年前，這個原先以報導商情起家的報紙，剛剛破天荒改以彩色印刷，成為亞洲第一份彩色報，更是第一份中文彩色報。

這兩件事在在向世人宣告，余紀忠先生以往經營的成功及未來強大的企圖心，顯得充滿氣勢和活力。因此之故，我於一九七一年毛遂自薦，進了余先生門下。

余先生的父親早逝，由寡母撫育成長於艱苦環境之中，所以毅力過人。他是讀書人，受到中西高教薰陶，主見、理想，從來不缺，風骨、氣節，始終為念。處身在特殊的時空裡，辦報是非常辛苦的事，但也正因這樣的環境，才是成就「報人」身量的大好機會。

余先生遇到了這個機會，也把握了這個機會，但可惜沒有充分堅持和深耕這個機會。

在美洲《中國時報》所見的余先生，可說徹頭徹尾體現了第一代創業家所有的特質。籌備期間他完全親力親為，以七三高齡忙著定方向、想內容、覓人才、找廠房、看機器、買設備，馬不停蹄，席不暇暖。每天開會、奔走、苦思，住的是汽車旅館，吃的是麥當勞，跟部屬同甘共苦。余伯母偶爾陪他同來，卻被我們瞧見在摩鐵裡幫余先生燙衣服，有如尋常百姓家。往往跟他忙了一天，到了深夜，好不容易他就寢了，我們年輕人不免乘此空檔談天說地，喝上幾杯。可一大早就被他一一叫起，不許睡懶覺，其實這哪是懶覺，才臥倒而已，他可不管，新的一天開始，繼續幹活！

開報以後還是一樣，不管在不在美國，指示與要求從沒停過，三不五時要檢討，隨時隨刻要改版。這個報紙涉及得可大了，從五大張到十大張，有各個不同地方的版，各種不同屬性的版，三天兩頭改版，還得因應需要不時增加新的版。有美國本身的東南西北，有跨太平洋的美國台灣香港，有遍布世界各地的各個特派點。這所有的協調運作、觀念溝通、人力整合，有效統一，他無不要操心、關心。那時候他用了幾個外來人挑大樑，又不放心，可找了自己大麻煩，哪能省事？

余先生自視甚高，除了他跟過的蔣經國以外，其他人全都不在他眼裡，特別是特務系統裡的人，他幾乎一個都瞧不起。偏偏余先生辦的報紙，總有些不那麼配合政策的地方，總有些新聞、評論讀來怒上心頭，這些靠打小報告吃飯的人當然對余先生和他辦的報紙不會客氣。

冰凍三尺，非一日之寒，我在台北的《時報》歲月就已深刻領略，之後被發配來美也是拜此之賜。如今余紀忠居然到美國辦報，不知葫蘆裡賣的什麼藥，不知會弄出個什麼「禍害」來，搞特別任務的那還不殺殺他的威風再說！

於是，《龍旗》雜誌出手了。

那是個沒有名嘴的時代，如今幫著執政者怒斥加修理反對派的行為，就是《龍旗》雜誌當年幹的事。

但是它不像名嘴露出在螢光幕上，乃全然隱身在筆名之後，有如現代網民，搞不清打手是誰；只能推想來自某個可怕的權力部門，而且極可能、也極擔心會是進一步採取什麼行動的前奏。

挑明了說，一九七九年底的美麗島事件，無意中助長了政工系統的氣焰，乘勢成立「劉少康辦公室」，在「國民黨政權危疑震撼之秋」，負起如少康中興穩定政局之責，而獲得蔣經國某種程度的優容。《龍旗》雜誌便是受命於由特務頭子王昇上將主持的這個黨國違章建築，對《中國時報》有計畫地進行打擊和教訓。

《龍旗》每一期都以長篇累牘嚴打《中時》和余先生，文字肅殺嗜血的程度，比起大陸文革時期紅衛兵的批鬥，猶有過之，充滿仇恨與恐怖。

那是一九八三年初的事，美洲《中時》開辦才幾個月，余先生在美國待了很長一段時間。固然可說那是工作上的需要，但我很清楚，他因為「龍旗現象」，不想回台灣！

《龍旗》的文章每期都會從台北傳真到他手裡，余先生不逃避，看得仔細，並且讓大夥兒一起看。我們看了不禁破口大罵，但余先生很平靜，只是搖頭、嘆氣，卻未出惡言，照樣工作。

記得有一回開完會，在一個 Diner 的平價餐館用餐，聊起剛收到的《龍旗》，余先生憂心國內政局在肖小亂政之下更加倒退不堪，聊著聊著突以手擊桌，說：

「天瑞！就跟你一樣，我也找個學校，在美國待下來吧！」

當場把大家嚇了一跳，這可不是小事，《中國時報》老闆「海外避禍，滯美不歸」，代誌大條！他怎麼能跟把周天瑞送出國一樣，也把自己送出國！

在場的《中時》駐華府特派員傅建中可來了勁，當即表示很願意幫忙余先生安排學校，華府的喬治城大學和馬利蘭州的約翰霍普金斯大學，這兩所研究型大學都很合適，他們對余先生一定會非常歡迎。這話說得絕對沒錯。

由此可知，雖然大家認為茲事體大，但以那時的氛圍，倒也覺得不失為一個辦法。相信余先生不是脫口而出，而是真的想過。第一次我感受到，傲岸如他，也有無奈落寞的時候。後來聽他說甚至想關台北的報，留美國的報，那就更顯得慌了手腳，王昇真把他嚇壞了！

實際並沒有這麼做。因為正在那時，王昇受美國CIA邀請來美訪問，回程特別彎到舊金山余先生住所帶著禮物登門做「友善拜訪」。大概知道打得太過火也會出紕漏，藉此拜訪，心照不宣，好讓余先生放寬心情。果然，不久余先生就回國了。

其實，福兮禍之所伏，王昇受邀訪美促成了他的下台。他打別人小報告，別人還打他的呢。劉少康辦公室的行事早受非議，美國高規格邀訪以近乎國賓之禮相待，不知何所圖，他竟受之，不避嫌猜，豈不犯忌？五月，貶往聯訓部，九月，遠謫巴拉圭。王昇失勢，從此退出了歷史舞台。

王昇遭除，並不意味余先生就此安全上路。保守勢力不愁沒人接班，過了大約一年比較安穩的日子，更大的麻煩還在後頭。

參與美洲《中國時報》的全部籌備過程

以一句話來區別王惕吾和余紀忠兩位報老闆在美辦報的差異，就是，王老闆主要是辦給支持國民黨的人看的，余紀忠則是希望不支持甚至反對國民黨的人也願意看。他的「十四字箴言」不管如何絞著腦子想出來，如何百轉千迴說出來，所透露的辦報哲學無非是想幾面兼顧，多方爭取。

這個思慮自然就多了風險，自然就要多傷腦筋，就必然在用人上見心思。

首先，他特別敦請黨國大老級的陳裕清先生擔任總主筆，陳裕清先生受業於美國名校，並受知於蔣介石，長年負責過國民黨的文宣和海外組織工作。他也是一位老報人，思想開明，謙和儒雅，是余先生少數敬重又合得來的黨國人士。請他主持筆政，既有向黨內輸誠的宣示意義，也不會在余的統籌全局中形成掣肘。

不獨陳裕清先生，他還進用了不少在海外兼有黨務身分的留學生，不過多半放在業務部門，借助他們的幹練和人脈關係拓展廣告發行業務。相對地，有不少不具黨工背景的哥倫比亞大學留學生任職紐約總部，則是編譯部門的主力。理所當然，他還爭取了幾位原在新聞局駐外單位工作的人，甚而曾在黨報工作的人。這些相當程度所謂「根正苗紅」的出身背景，都有助於向有關方面釋疑：他不僅不會與黨國疏離，反而結合並重視黨國人才。

此外，他從台北總社挑選了一批年輕新秀，也呼召了好些正在海外就學或行將學成的子弟兵，以及，就地取材邀聘經年在美就學就業的優質青年。他們具備一定的語文條件，構成實際採訪與涉外等實務工作的主要陣容。

這個囊括了各方菁英的組合，除少數來自香港，都是台灣培養的人才，他們知識程度高，見識廣，有基本的獨立判斷能力。在意識傾向上，左中右獨無所不包，但並沒有顯見甘受意識形態捆綁的人。總的來說，中間及中間偏右的居多，也多能服膺余紀忠的辦報理念，亟盼一份有別於《世界日報》的華文報誕生。當時的參與者後來不論回到原鄉或是留在異鄉，都有頭角崢嶸的表現，尤其在台灣甚至香港不同的媒體中呼風喚雨。

就記憶所及，曾在美洲《中時》任職饒為知名的人士大抵有：（美東）許世兆、俞國基、黃肇松、林博文、傅建中、龔選舞、蔣震、胡鴻仁、詹宏志、邱立本、徐啟智、傅崑成、譚立信、辜尚志、金惟純、楊人凱、蕭嘉慶、鄭漢良、CoCo、梁章通、杜念中、周陽山、邵宗海、陳一新、范疇、楊澤、陳玉慧、馮光遠、羅文輝、李傳偉、王幼波、張靜濤、梁東屏、崔玉群、袁家松、李文森、冼嘉源、冉亮、羅鴻進、黃志鵬、傅易易、邱秀文、郭貞、何清。（美西）趙怡、彭中原、王紹志、李閩、卜大中、周天瑋、林添貴、陳亮月、鮮正台、溫禾、林麗蓮、林馨琴、吳忠國、陳子巖、陳萬達、張靖宇、江啟光、趙健、張晶、莊安理、陸炳武、強偉城。（台北）南方朔、孫思照、李彪、陳文茜、陳守國、夏迪、劉克襄。（香港）江素惠。（日本）秦鳳棲、劉黎兒……。

在美洲《中時》航向新大陸不久之前，事實上已有一份報紙捷足先登，以及另一份報紙正要開張。前者是當過立法委員的高雄眼科名醫、《臺灣時報》老闆吳基福，一九八〇年在舊金山辦的《遠東時報》。後者是曾為閻錫山麾下、當過律師的《臺灣日報》老闆傅朝樞，確定要在紐約辦的《中報》。

《遠東時報》不堪賠累，一九八二年五月停刊，而《中報》挾其因國防部總政戰部收購《臺灣日報》之所得，及允其將在台資產全數結匯來美之銀兩，為數約五億新台幣，於一九八二年二月二十七日在紐約發刊。

吳基福從台灣帶來兩位媒體前輩主持編務、筆政，他們都比我年長十幾二十歲，二人因個性、觀念並不盡同，相處得很勉強，其中之一在《遠東時報》倒閉前即已被傅朝樞召為《中報》總編輯。

《遠東時報》延續《臺灣時報》傾向黨外的風格，早一步顯示了黨外本質上的親台獨意味。《中報》不見容於蔣經國被趕出台灣，先在香港創辦，繼而延伸來美，已藏不住親中媚共的傾向。

風聞了這兩位已先在美登陸的媒體人，以余紀忠的個性，一定是不會放過，必要網羅到手的。據余先生對我說，要借重當年他們在台灣辦《臺灣時報》成功的經驗，及後來在美國辦《遠東時報》失敗的經驗。同時，把傅朝樞的主將挖過來，也可削弱任何潛在敵人的力量，減少美洲《中時》的威脅，並經由他的轄制，或可控管對國民黨的傷害。這是他津津樂道的戰略思考。

一無困難地，余紀忠如願以償，兩人先後來到美洲《中時》，一個在創刊前，一個在創刊後。猶憶後者的來到使前者臉色大變，因余紀忠未與他商量，亦非經他洽談，倒是余還命我做過中人。旋即，前者明升暗降，轉任社長，後者取而代之，美洲《中時》創刊後八個月，總編輯就換了人。

從人事結構上看，大抵是個兼容並蓄之局，余紀忠大部分能顧到國內的看法，但在總編輯這個角色上，顯然較看重有過衝撞體制經驗的人，並且敢大膽起用淵源不深，卻具戰略價值的人。他藉著用這樣的人表達進步性，相對於陳裕清，是另一方面的宣示意義，並自信他的個人魅力足以駕馭。先別說能不能駕馭得住，光這個路數就夠人議論個好一陣子。

不過，這麼一大攤子來自四面八方的人，聚攏在一個需要意志集中、力量集中的地方，打拚一張辦得再好都不易賺錢的報紙，乃是一樁極其艱鉅的工程。自古文人相輕，多所自戀，首先磨合就不容易。

以紐約總部為例，被換下來的總編輯是個並不具人格魅力的老文人，很快就使人覺其言語乏味、心胸狹隘，即便有過在美辦報經驗，卻不覺其有所準備而見高明。過去和他工作過以及在台北跟過余紀忠的子弟兵，這

在我（右）抵達紐約正式報到的前半年裡，就曾四次奉召從匹茲堡飛到紐約和余先生開會，參與了美洲《中國時報》全部的籌備過程。（與友人於匹茲堡大學前留影）

兩掛人特別與他不合。前者礙於情面不好明槓，私下議論卻源源不斷。後者則不時酸語相向，甚至明白抵制，常迫我做些無效的排解。在余紀忠與他的蜜月階段，台北子弟沒占到便宜，要不瞻顧不前，就是遠走美西，再不辭職就學，因而受到折損。

總之氣壓很低，一位頗具觀察力的老兄形容得妙，美洲《中時》創刊伊始，「士無鬥志，將有降心」，言罷大笑三聲，聞者無不絕倒。縱使不免稍嫌誇張，倒也予人詭異中入木三分之感。

接下來該說說我自己了。

許多人熟知我是美洲《中時》總編輯，其實我是第三任，而掛上這個職稱連前帶後不過六個月零十一天。之所以會令人印象如此深刻，是因為從第一天開始我的付出，以及最後報紙停刊的「周天瑞因素」——我的承擔。付出與承擔，充滿了血汗和血淚，使我與這份報紙彷彿有著生與死的關係。

話說在我抵達紐約正式報到的前半年裡，就曾四次奉召從匹茲堡飛到紐約和余先生開會，參與了全部的籌備過程，應該最清楚他的想法，但是開報當時我只是「採訪主任」，起初連「副總編輯」銜都沒有。兩年前我從台北出來的時候，就已經掛了三年副總編輯銜，如今歷練更多，又念了一個學位，卻安我一個「陽春」採訪主任，豈不情何以堪！

非也，我不但沒有一點不高興，而且欣然接受。這有幾個原因：

一、八〇年六月，余先生命我閃電赴美，其實有著加強磨練的意思，因為在蒙他不次拔擢的過往三年半當中，彼此之間因新聞處理頗多齟齬，他很傷腦筋，我也多次求去。他藉著情治單位對我的「關切」和「注意」，送我出國，固是讓我避禍，實則很多人看來是放逐。在「遭逐」兩年後，因創報而獲徵召，意味了重新面對余老闆，也意味了彼此重新合作。他既要驗收磨練成果，我也要看看是否繼續追隨，所以職務低一點最好。

二、余紀忠以極端重視人才聞名，新創報紙使他大展用人拳腳，特別對於一些已具名號的人，他若不納入囊中便難安枕席。報紙的發行人、社長、總編輯、總主筆這類主要頭銜，他自要虛位以待，好招賢納才，以示海納百川。何況，我在余氏門下已逾十載，堪稱子弟兵、自家人了，先擺在一邊見習見習，不擔太大的責任，倒也挺好。

三、既是新創事業，就是重啟爐灶，在新天新地用新的觀念、新的心情看待一切，自應擺脫舊包袱，適應新環境，接納新夥伴。海外辦報從零開始，花費大而進帳少，工作條件全都不能與國內相比，當時坐鎮台北為美國提供大量後勤製作版面的王杏慶（南方朔）曾標舉「勤儉辦報」四個字，最能反映這樣的心境。文窮而後工，每個人都該艱苦以對，哪能計較職稱、名位、待遇？唯有做出成績，禁得起考驗，才是硬道理。從低階開始是好的。

我乃以全新的心態，甚至以自己創業的心態面對新事業。我固已不是新聞界的菜鳥，畢竟在美國辦報還是頭一遭，當然首先要虛心。這不是故唱高調，其實是合乎現實的，為了立足新土，為了生存，必須虛心！

所以，開報當時和之後走馬換將，都沒讓我擔任總編輯，我真的並不在意，還正樂得認真去想該怎麼辦好這份報紙。

不過由於是老幹部，又是從台北來美最老的一個，因此余先生凡事習慣找我，被交付的大小任務多如牛毛，可謂「族繁不及備載」。諸如，老闆想要延攬的人，往往要我幫忙先接觸、試探、遊說；陸續進用的編、採、譯、校，幾由我面談後報給他；他在各地的跨部門、跨地區會議，未必召社長、總編輯，卻必召我參加；至於經常有的改版、協調、檢討，更是之前擬計畫，之後寫報告，無役不與。為了這些事，不時要在各地出差，境內境外到處飛，非常忙碌。

這樣好嗎？當然不好。余先生覺得方便，就便宜行事，但在我與我的長官之間便創造了矛盾，無論如何行禮如儀，都難消戒心，被看成是余紀忠的「監軍」，是極自然不過的事。為此在工作和處境上不平靜，也是必然。

我卻不願以「監軍」自命，這不是我喜歡做的事，追隨了多少年，余老闆很難聽到我議論我沒有考評權的人。何況這些外來的長官都是年齡、資歷長我許多的文化人，文人可以相輕，絕不可以相煎！否則被人說成是嫉賢妒才、陷害忠良的東廠小人，可不是我要博的名聲。

不過，余紀忠不會從這邊聽到那邊的，絕不表示不會從那邊聽到這邊的。

這很正常，大凡跟余先生工作的人，不管年紀大小、職務高低，都想邀他重視，在台北那些年，我經歷了、也看了很多。眼前這些新來的前輩，若有安全感危機，就必格外要刷存在感；刷存在感最簡便的方法，自然而必然地就是在我身上作文章。於是自然而必然地老闆會公開罵罵我，自然而必然地會明顯疏遠我，也自然而必然地氣氛會變得彆扭，以致自然而必然地影響我的心情。

這是我無法逃避的命運。

「It's not fair!」從美東喊到美西

美洲《中時》創報後十一天，我利用公忙的幾個零碎時間，應命在《中國時報》社刊寫了一篇八千字的文章，詳細記述了美洲《中時》從籌備，到試報，到出刊的整個經過。文章最後寫著：

美洲《中國時報》到今天已正式出刊十一天了，總結讀者們對美洲《中國時報》的批評，以這樣一句話最具代表性——「美洲《中國時報》在華文報界投下了一顆原子彈！」那意味著，美洲《中國時報》在辦報形式、辦報精神、辦報方法上，為華文報界造成了一次巨大的革命。

五大張全彩以最新型高速輪轉機精印，紐約、洛杉磯、舊金山三地編採並進，台北全力後勤支援即時新聞與多版面副刊，社論專欄從大處著眼顯示開闊、清新、銳利走向……。如此以前所未有的大報規格展現非凡氣勢，豈能不先聲奪人，棒捶天下！

發刊當時正逢紐約市政府計畫在華埠附近興建監獄，這個計畫明顯危及華人治安與經濟利益，華人發起示威抗議。從出報第一天起，美洲《中時》就全力卯上，不止新聞、社論大作特作，甚而投身其中，支持、響應乃至策動各種作為，不一而足。僅僅十天工夫就逼得市政當局讓了步。美洲《中時》以極度的靈敏和熱情，充分展現新聞處理的專業能力，也明告世人，為了大眾利益，媒體不止是喉舌，進而破格介入以推波助瀾，孰曰不可！

不久，這種強勢新聞風格在陳果仁新聞上更發揮得淋漓盡致。

當一九八二年六月十九日，底特律華裔青年陳果仁即將告別單身，幾個哥兒們在一家俱樂部為他開趴，喧鬧間遭一對白人父子以球棒追殺致死，誤以為是影響他們失業的日本人（背景是，日本汽車正嚴重威脅美國汽車工業，底特律汽車工人大量失業）。

這個案子在美洲《中時》開報之後宣判，法官竟因凶手沒有犯罪前科，只以罰款發落，還緩刑三年！

除了主要的華埠，美洲《中時》當時也在其他的華人聚落設置通訊員，這個布局即刻發揮了作用——底特律通訊記者一位名叫郭貞的留學生發來了這個消息。我一看，這還得了！即刻從紐約派出胡鴻仁、楊人凱趕赴支援，協同進行追蹤。隨後美洲《中時》屢屢以一、三版頭題報導，配以社論論述，伸援抗議示威，甚至發起寫信運動遊說國會議員。鍥而不捨，步步進逼。如此強勁的輿論力道，促使了其他華文報紙紛紛跟進，華人團體個個動員，一時之間，由美東到美西呼喊「It's not fair!」要求重新審判的呼聲響徹雲霄，蔚為全美華人前所未見的大風潮。進而造成美國主流媒體CBS和《紐約時報》待之以專題報導，其他族裔的美國人也心懷同理同情加入戰鬥。形勢搞翻了天！

於是在美國FBI調查、司法部施壓的反應下，本案被迫交由底特律聯邦大陪審團調查，經聯邦大陪審團傳訊證人和祕密聽訊後，終在十一月二日宣布，將殺害陳果仁的父子以「侵犯民權」及「因種族歧視致人於死」兩項罪名提起公訴！後來的發展是，次年主犯獲判有期徒刑二十五年，陳案得直。

美洲《中時》帶來了這等旋風，很是耀眼。明眼人很快看出來，它經營的豈是報紙，簡直是個戰鬥體！它在意的可不止是華埠，不止是新僑所在群聚之地，甚至也當然不止是國內政治，它在意的無以名之，是華人民

在美洲《中時》發動的輿論攻勢下，「It's not fair！」從美東喊到美西，終讓當年陳果仁案可以得直。（圖片取自《中國時報》四十週年特刊／周天瑞提供）

族意識！

在報紙籌辦過程中，除了跟隨余先生一起工作之外，關於美洲《中時》該怎麼辦，我自己也在苦思，並以自己的接觸面四處訪賢請益。此時我已在美國待了兩年，經過了留學生活，在大小城市也接觸了不少華人和洋人家庭，對美國、對華人都有了大概的了解。我的好處是，有做為新聞記者的敏感，卻非多言之輩，時常是聽的時候多，不是只顧自己說。我常自惕，唯有聽得多才能知得多、想得多。

我當然更會想，大老遠跑來美國當個少數民族小眾媒體的採訪主任，怎堪與之前在台北當第一大報的採訪主任相比？在台北處理的新聞有多少是動見觀瞻甚至是呼風喚雨的，難道一旦置身海外，從此就要倚著華人圈一些茶杯裡的風波伴我餘生麼？

當然，「勿以善小而不為」的態度，是新聞工作者的一種專業素養，所以我不會輕看處理一般華人新聞所具有的服務意義，但我總希望找尋到更富於使命感並願傾力追求的標的。哪怕依然微小，只要看得到不一樣，和這個不一樣當中的一點小意義，就會讓我有絕處逢生之感。

以這樣不止是虛心，簡直相當卑微的心，我看到了不同華人群的各個面向和它的內層。我發現，故國之思固然難脫他們的縈懷，但現實環境中在異地權益、地位的提升，才是命脈所繫。華人無不來自苦難的祖國，而苦難的祖國陰魂不散，又把祖國的分裂和歧異讓他們在新土繼續分化。猶太人在新大陸積漸為各個方面的主流，回頭支持以色列，方能成其大；而中國人總是心懷祖國而不能盡全力在主流力量中多謀一席之地，乃成永遠的飄萍，連自我保護還難成其事。難道這必須是垂諸久遠，不能改變的嗎？隨著更多老僑以外新生力量的來到，及第二、三代華人後裔的長成，應該是出現轉機的時候。我們既來美辦報，豈不正可盡其傳導職責，促成華人在意識上、認知上排除障礙，創造改變嗎？換句話說，我們可否以試圖幫助華人找到未來，做為這份報紙的一個使命呢？

美洲《中時》一週年我發表了一篇專文，題為〈我來自哪裡？我置身何處？——本報週年紀念談我們的使命感〉，我這樣說：

我們希望看到，有一天，中國人當中也能出現一個馬丁・路德・金；而那

> 如潮湧一般奔向華盛頓為命運吶喊的人，不再只是黑人。我們更盼望看到，有一天，中國人不必如黑人一般拚著老命嘶喊，卻能和猶太人一般盤據了美國社會各種力量的要津，主導著它的方向！

為此，在有關中國人權益的事情上，我們堅信，我們也以此自期：沒有左中右獨！

這是以往完全被忽視的議題設定，我深信，一旦被美洲《中時》發覺並灌注心力，就必拔地而起，帶來無限可能，成為華族風潮，讓它澎湃、狂飆。

新聞工作是經世致用之學，自然就不是坐而言，乃要能起而行。並且，也不是行蛋頭書空咄咄之事，乃是要讓所行之事有趣、好看、收到效果。

於是為求資訊的廣泛多元，除主埠之外在全美遍布通訊記者，陳果仁案便首見奏功。為求促使華人在美落地生根，特置採訪重心於與權益、選民登記有關之進步組織。為求破除區域障礙探討共同問題，乃經常「全國

中華民國七十二年九月一日 星期四 中國時報 September 1 THURSDAY 1983 第十二版

「我來自那裡？」「我置身何處？」

本報週年紀念談我們的使命感

・周天瑞

美洲《中時》是一份「有意識」的報紙，這個「意識」不是指政治上的意識形態，而是「有所為而為」。

一盤棋」地進行跨界動員採訪。為求華人歷史認知與現實利害的理解，更開闢並認真經營「今日華人」專版，進行整合式有縱深的訊息交流和觀念探討。

從陳果仁人權得直，到積極串聯華人進步組織，到鼓勵華人參選參政，到批判國府在海外遴選製造華人分裂等等，我們當時做了很多破天荒的努力，反響很大，在在體現了它是一份華人的報紙，而非只管華人是否心向祖國，卻不顧他們面對現實的死活，也不計有利於他們長遠未來的根本方略。

可惜這些努力因報紙莫名其妙的殞命而如煙消雲散，如果它後來繼續做下去，不但可助成華人在美國各個領域登上好幾個台階，說不定在譬如怎樣扭轉各地華人的國際形象這類問題上，早就做了許多探討。如今有誰在做？有哪個海外華人媒體以巨視而超然的眼光，做過什麼首發式的採訪、專論、民調？它們幾時有過好的作品出現在即使中文的主流媒體上？不客氣地說，因華人工商活動成果而獲益的海外媒體不是沒有，但它們在兩岸三地主要華人區，似乎是完全不存在的一種物體，即便在美國社會也無聲無息。

總之，在思索如何辦美洲《中時》這件事上，我花了很多工夫，也很有成效，幾乎動到了每一位採訪同仁和不少編撰朋友，最顯著的是林博文、胡鴻仁，他們兩位堪稱在這方面相談共事都無比通暢的好夥伴。坦白說，我們在這方面的績效恐怕連余先生都沒完全看明白，否則在後來關報的決定上，不會沒有多一份的考慮。

既不同意條件不具備的統一
亦不追尋前景無保障的獨立

隨著來美者眾，日趨多元，在美華人與母國有關的新聞必然會發生。只要有，找也要找到；只要找到，就要報導。這一方面，美洲《中時》更顯得神通廣大。

最驚天動地的是大陸公費留學生王炳章「棄醫從運」的新聞。王炳章在加拿大麥基爾大學取得醫學博士學位，正受到左派報紙吹捧，據說竟準備跑到紐約來宣告拒絕返國，要在美國成立民運組織，創辦《中國之春》期刊，鼓吹民主改革。這件事既富戲劇性，也具震撼性。他將在一九八二年十一月十七日下午三點於紐約中城舉行記者會。

在那個還有中共飛行員駕機投奔自由的年代（九〇後才告終止），這必是會以頭版轉三版大篇幅報導的大新聞，我在十月初就獲得暗示，幾天前輾轉獲得接近完整的圖像。記者會定在下午舉行還是應我的要求，以便讓我在記者會之前先發台北，如此，當記者會舉行的時候，台北的《中國時報》正要上市並要獨家見報了，台北《中國時報》的讀者將可以是最早得知這個消息的人。

意思是，這是我們的大獨家，但為免壞了人家的整盤計畫，在美國我不能搶先報導，仍必須在記者會之後才能刊登，不管我們登得多完整，以及早了幾個小時（我們是凌晨出報，餘皆午後出報），也仍與其他華文報紙基本上同步，沒多少獨家可言。但台美之間有時差，若台北見報的時間正好在記者會之後，便不致影響大局，而台北《中時》獨家領先一天，就如鐵板釘釘——搞定了。

由此固可見新聞時效與報際競爭的計較，也可見身在兩地為兩份報紙顧前顧後的心心念念。最要說明的是，在這個新聞取得的過程中，其神祕與保密的程度，猶如一場諜報戰，唯恐一個閃失，全盤泡湯。

現在還不能說

十月初，一位已來美十幾年的老朋友打電話給我，在一陣寒暄之後說，不久會有一個大新聞發生。接著就賣起關子來：「現在還不能說，等時機成熟再說。」真把人吊足了胃口。

約莫過了一個月，他託我幫他找找這幾天的《華僑日報》（中共僑辦出資的報紙）寄給他。我已注意到這幾天《華僑日報》正在連載王炳章的系列報導，談他如何刻苦只以兩年多時間就取得學位，成為中共公費生拿到博士的第一人。我問他這就是他上次揚言的大事嗎？他沉默半晌後說，這不是，但與這篇報導有關，之後又什麼都不說了。

其實之前讀這些報導的時候，就覺得有些奇怪，既然是中共資助的公費留學，卻通篇沒有一句恭維中共的話，只口口聲聲「祖國」、「人民」。我再仔細讀了幾遍，並與所謂「大新聞」及老朋友的神祕態度發生聯想，自然推想莫非是一樁政治庇護案或投奔自由案？但怎麼又左一個「祖國」右一個「人民」呢？研判這件即將發生的事，肯定跟一般的政治庇護不同，應當是一個全新的案例，至於是什麼？捉摸不透。

十一月十五日，一位相識了幾個月的大陸留學生來電話：

「老周，最近會有一件大事發生……」

我打斷：「是不是關於王炳章的事？」

他含糊其詞。

我接著說：「《華僑日報》的報導我看了，我判斷是王炳章的障眼法，他要投奔自由！」

他忍不住脫口而出：

「那比這要大得多啦！那豈是王炳章一個人的事？這件事全世界都要震撼，那是十架吳榮根的飛機都比不上的！」

又說：

「千萬不能告訴任何人，否則就弄不成了。」

說完便再也不肯多講一句。

第二天他的電話來了，透露王炳章的記者會就在明天。

經我一再追問，他終於告訴了我另外一個角度：

「請注意大陸的民主運動。」

「啊？他要留在美國搞民主運動？」

「不但如此，還有組織，還要辦雜誌，這是個極有計畫的行動，王炳章只是整個行動中的一個小嘍囉。」

「雜誌的名稱叫什麼？」

「中國之春。」

情急之下我誤聽為「中國之聲」，後來在我獨家發台北的稿子上寫的是這個名稱，是唯一的敗筆。

那個時代發生了那樣的事

為了尊重消息來源，我把提早發台北的想法先向第一個告訴我的人徵求同意，哪知他一口拒絕，還說我了解的內容不對，並加了一句：「如果你提早發回台北，這便是我最後一次提供新聞線索給你。」哇噻，我像洩了氣的皮球一樣。

正當我在為如何兼顧私誼與新聞傷腦筋的時候，突然他來了電，先向我道歉，然後說，剛才與《中國之春》的人在一起，為了不願使他們知道跟我有聯繫而懷疑他不守信，不得不那樣表示，希望我能諒解。接著他證實了我對消息的了解，並同意我先發台北。之後，我再徵得第二個消息提供者的同意。於此，所有該做的工作都告完成。

直到這時候我才解密，分別通告了美台兩地的工作夥伴，即刻就已知的訊息發稿台北，並準備出席明天的記者會繼續後續的了解。老實說，當報知這個消息並打算在正式宣告前進行預發時，台北曾擔心是否會被擺道或臨時變卦，幸好都沒有發生，只是多疑多慮了。

神祕而不得不保密的組織是與民主公開透明的原則相牴觸的，《中國之春》自有它的難處，而身為代言人的王炳章後來竟成了受爭議的人物，不旋踵就使他從神壇上跌了下來。再者，民主運動脫離本國土地是無法立足的，一旦回去就遭逮捕而拘禁，王炳章正是這樣，倒也表現了求仁得仁的英雄氣概。

那個時代發生了那樣的事，我們在採訪和處理這個新聞時，完全沒有抱著為哪個政權或哪種政治立場服務的心情，只在呈現一個客觀上發生的事實。

從事新聞工作以來，我從不標榜什麼自由主義，毋寧是「該報就報，要報就求真求實」的新聞主義而已，多年後我創辦《新新聞》也即是本於這個態度。新聞工作是個讓事情弄清楚的工作，讓事情弄清楚了，大家好做判斷，好做決定。新聞工作者就是工匠，要有工匠精神。而我對工匠精神的理解則是，窮盡心力，與人為善。

我們不做海外的第三者

本著這個原則，美洲《中時》報導了洪哲勝宣告脫離台獨聯盟，陳述進出獨盟的心路歷程。報導了紅衛兵梁恆與猶裔妻子夏竹麗合著《革命之子》，首度以英文著作揭露文革真相。報導了早年回歸大陸的台裔教授彭銀漢的生命故事，並幫助他完成了回台探親的宿願，且為他爭取破例不被冠以「反共義士」之名。報導了田弘茂教授等受邀訪問大陸的十一位台籍著名學者與大陸對話的詳細內容，盡釋群疑。以及報導了各個不同派別、不同立場的台灣人團體如何打破藩離，促成交流。無不是獨得之作，且只是犖犖大

中國時報

大陸知識分子逃亡潮

社論

大陸民主運動進入新的里程

知識分子海外接棒再度出發

「中國之春」刊物下週在美加創刊

王炳章昨宣告決操起社會改革者的手術刀

「為了祖國的春天」

——王炳章棄醫從運宣言全文

北京之春發展昇華

西單「民主牆」又再生

王炳章說明大陸民主運動五階段

「中國之春」發刊詞

拿個博士區區志、臥薪三載為報國

——訪「棄醫從運」的王炳章博士

本報記者 周天瑞 胡鴻仁

擁有廣大同情者支持者

通過各種渠道帶入大陸

中共雷射專家丁昇茂

從西德回到自由祖國

在清大校園 專事雷射科技研究工作

憶寶島一年 勝過大陸多年黑暗摸索

魏京生等十八位民運先鋒

「中國之春」聘為名譽編輯

一千多大陸留學生

三年來請求美庇護

大同盟將設諮詢委會

決分邀各界人士參與

嘉義市府傳出不和

黃順興向市長請辭

吳榮根所駕米格機

韓表示無意交中共

大陸民主運動的必然歷史發展

——知識分子起而行的風潮已見

民主運動脫離本國土地是無法立足的，一旦回去就遭逮捕而拘禁，王炳章正是這樣，倒也表現了求仁得仁的英雄氣概。

者。

看得出來，美洲《中時》的採訪致力於各方面的突破，敢於接近異議人士，觸碰敏感地帶，希望為一切的「趨近」做些努力。

任何媒體無論怎麼自稱超然，都有一個立足點，這不是件羞恥的事。因此我在〈我來自哪裡？我置身何處？——本報週年紀念談我們的使命感〉文中還這樣說：

「我們既不能同意條件並不具備的中國統一，我們亦不追尋前景並無保障的台灣獨立，我們唯有寄望已具規模，還能容許自由意志立足的地方，繼續展現其豐厚的進步實力，以靜待歷史的腳步帶給它合理的探顧。

「為此，在政治問題上，我們不做海外的第三者，我們寧為『開明的當事人』。」

再清楚不過了，我們來自台灣，不因為到了海外就成了「第三者」。在與台灣的關係上，我們依舊是「當事人」，只是我們要開明，開明，再開明，唯有開明，才能使大家樂於接受。

美洲《中時》就是這樣一份「有意識」的報紙，這個「意識」不是指

「中國之春」的迴響

周天瑞（本報記者）

中共震驚焦慮加強控制

留學生無不覺人心大快

美新聞界將作特別處理

海外學者認將益形壯闊

民運人士邁向下一行動

國時報　星期二　第二版

中國之春民主運動獲得普遍熱烈響應

民運人士感謝來自台灣的幫助

調整了他們的觀念加深了信念

中共定為「反革命」組織 通令內外毫不留情打擊

美洲《中時》結合各種力量爭取華人民權，創造安身立命的生存空間。

政治上的意識形態，而是「有所為而為」。創刊一週年，我藉著這篇文章表達，我們是一份從台灣來的報紙，有自然而然的情感歸屬，基於新聞工作者的角色，我們再怎麼發揮功能，也不會自外於台灣，儼然成為第三者。而我們也要清楚，如今置身新土，必須落地生根，且要結合各種力量爭取華人民權，創造安身立命的生存空間，這是華人的共同利益，不容相互抵銷，為此，不能再分什麼左中右獨。

這是一年來的經驗總結，一年來對於要辦一份什麼樣的報紙，意念已越發清晰且充滿信心，我以接近文青式的筆法發為此文，自認盡符余先生的理念而更具在地感與實踐性，經過時在台北的余先生核閱後，幾乎一字未改，以由我署名的方式刊出，而非不具名的社論，顯著刊登在外頁彩色版，非常醒目。等同於，我以副總編輯（此時我已加銜）兼採訪主任的身分代表美洲《中時》發言，我不汗顏，且自覺適格，乃因我一年來的表現已為內外共知。

老實說，這番表達既是對外的承諾，更是對內的提醒。因為很不幸，確乎有人日子過得糊塗，常以海外第三者自居，崇尚虛無。以及，不明白

（或不甘於）這就是一份華人報，乃在新聞的選材與配比上往往失衡或舉棋不定，跳不出左中右獨的慣性思維。

毛松年式的話語　請休息休息吧

永遠要知道，任何產品應以消費群的需求和利益為最大考慮，美洲《中時》既然落腳美洲，就應有「美洲心情」，縱然不能完全達到，起碼要使人有感。這不叫討好，這叫懂事。

走過一年，有了嘗試和驗證，美洲心情格外浮現而趨具象。前面所說的週年感言，既說不以第三者而以當事人看自己，又言應以有利於未來在美生根為重，少受導因於母國政治左中右獨的干擾，便是兼顧「所來」與「所在」的念想。

既然是念想，便不盡存在於現實，這樣的念想自會與現實碰撞，不可能不發生遭遇戰，以致受傷。很快地，它就來了。

兩岸中國人在海外都有一種行當叫僑務，國民黨在這個行當裡，有一種公職叫僑選立委，就是從華人的居地產生立法委員。在人家的土地上不好大剌剌地辦選舉，因此它的產生不由普選，乃由遴選——由政府在華人當中挑！

可想而知它會怎樣地在僑界造成紛亂，為了爭奪由政府施予的名位，會怎樣地助長各種人性的醜陋，會怎樣地製造一堆矛盾。往往每經一次遴選，就留下一大片狼藉的戰場，難以收拾。為了免於繼續為害，這個不祥之物早該檢討，最好廢掉。

八三年八、九月遴選作業又要開始了，舊金山灣區有兩位新僑提出了一個建議，希望有意競逐的人發表政見，增加大家對他們的認識。意思無非是，這個早受詬病的制度是否該起碼做一點改變，讓想要拿這個職務的人不再只是面對提拔他的長官，請轉而稍稍面對置身四周的華人吧。

這個想法其實很低調，但有意思，想不到僑務委員長毛松年卻斬釘截鐵地表示：「不以為然！」

他是遴選工作委員會的召集人，這麼一說，等於把這個建議當場槍決，毫無可斟酌之餘地。

這種反應肯定不合人心，我即刻為文評他的「不以為然」，針對此公所說「不以為然」的三點理由一一批駁，末了還加柴添火地說：

> 似毛松年之談話，既乏以民意為念之胸懷，亦不諳為官之道的訣竅，……聽在身處開放環境的眾多僑民耳中，實為標準的無學養、無邏輯、無說服

力的官腔官調，更遑論蘊含在此種論調中那保守落伍的氣韻。毛松年式的話語，請休息休息吧！

老編用了最後一句話做成主標題，高掛第三版，異常醒目。刊出的同時，並即刻在同版開闢了「僑選立委意見廣場」，提供公開園地，聽聽大家的意見。從當日起連續了一個月，藉此把這個制度徹底做了一次檢討，各方反應非常熱烈，所提意見非常寶貴，很是難得。毛松年為此發了四千字專文回應這些意見，但一個意見都沒接受，什麼改變都沒發生。我陸續以〈請正視海外對立委遴選工作的聲音〉、〈評毛委員長「海外遴選立委答客問」〉等文前後呼應，表達「暮鼓晨鐘豈能充耳不聞？」「蕭規曹隨無以開創新局！」唯有「博採周諮才能四海歸心。」對於毛松年長達四千字回應意見廣場的答客問，我也毫不客氣地批評回去。

所有這些意見一如「狗吠火車」，說了等於沒說，說了等於白說。然而，時至今日，僑選立委安在？它在不分區立委中勉強保留著名號，但各政黨都擺在名單後段，根本進不了榜，以致名存實亡。在目前的立法院

八三年僑選立委遴選作業開始，舊金山灣區有兩位新僑希望有意競逐的人發表政見，想不到僑務委員長毛松年卻斬釘截鐵地表示：「不以為然！」

裡，那叫僑選立委的連一個都沒有，僑界也就清靜了不少。而這是我們在八〇年代就大聲疾呼的主張。

這場遭遇戰在國府方面是不可能沒有注意到的，否則不會有毛松年以四千字回應，因此可視為美洲《中時》與台北方面的第一次對撞，也是台北方面對美洲《中時》第一次明示不滿。只是這個事件沒有直接傷到《時報》當局，因為，所有咎責全由我吸收了。

原來，批評毛松年式的語言，本是擬以社論發表，總主筆很客氣地徵詢我是否不做社論而改做專欄處理。我即刻會意。大家應還記得，總主筆陳裕清先生長年主掌過海外工作，毛松年這些僑務主管他焉得不識，經他手發此稿的確為難了他。因此，有關這個事件的處理，從新聞，到民意廣場，到評論，到專欄，便由我一鍋端，循總編輯這個系統下發工廠上到報紙，他只當不曾與聞了。

開明如他，沒有阻止這篇稿子，已是難得。而總編輯這邊也沒皺眉頭，每回都順利放行，不時還大呼過癮。

不久，外面有反應了，裡面也有反應了。別忘記，余紀忠用了不少有

4-29-83

評毛委員長「海外遴選立委答客問」

周天瑞

毛松年委員長以遴選海外立委提調人的身份，發表了長達四千字的答客問（本報摘錄要點刊第二版），對海外華文報紙一個多月以來在遴選問題上所提的意見，做了一個總答覆。讀罷他的宏文之後，不免產生這樣的感覺：所有這些意見說了等於不說，說了等於白說。

大眾傳播媒介原係善意批評

這篇必定經過他親自過目，也曾字斟句酌過的文字，是經由遴選工作委員會發到台北各家報紙，而從由有海外機構的台北報紙發到海外來的。換句話說，這篇在文字中數次提到海外華文報紙如何如何的官方文件，是因美國華文報刊的議論而起，是想向海外釋疑，照理講應當直接發到海外華文報刊手裡，然而他卻祇發給了國內報紙。相信並不明瞭海外華文報業議論情況的國內新聞工作者拿到這份文件時，必定如墜五里霧中；而急於想知道他的態度的海外人士，卻要轉一個彎才聽得到他向海外做的表示。這個做法難免使人疑惑：他是向海外做海外工作乎？還是向國內做海外工作乎？

在這篇文字的開頭部分，他說，一般人對遴選的方式不甚瞭解，甚至對遴選工作有若干誤解。在這篇文字的結尾部分，他說，希望大眾傳播事業對遴選工作多做善意的批評。這麼一頭一尾，很容易給人這樣的印象：一般人對這個工作所做的批評，都是基於不瞭解與誤解而來，大眾傳播事業所反映的意見，也都並非出於善意。如此一來，所有曾經對這個問題有過批評的人好像都該捫心自問：我真的是不瞭解嗎？我誤解了什麼嗎？我如果對人對事有了惡意，還會希望他變好嗎？諸君，我們說過的話，全都被貶得一文不值了！

反映海外心聲以供當局參考

審視這一個多月以來海外對遴選立委反映過意見的華文報紙，多半都是與國府夙具淵源的，或至少並非敵意的。這個道理很簡單，顯見這些報紙對那塊土地上所行的一切都寄以較多的期望。至於對國府持完全反對態度的報紙，他們不是根本不提這件事，就是詆譭玫壇的否定面破口大罵，誰還當吞水似地講什麼道理，分析什麼原因與結果呢？天下事祗有朋友之間才講真話，才付出耐心與愛心，才弄得舌乾唇躁，否則大家各忙各的，誰犯得上去吃力不討好？

再看這些報紙所反映出來的意見，雖不能說通通有道理，通通可行（通通有道理就沒了道理，通通可行就都不可行），但多少都有一得之見，或至少反映了一種心情與意願。再說，對於年齡、能力、地區分配、新舊僑比例、獲選者的風評，乃至於是否能經常出席發言，是否儘可能充分反映海外心聲與國是意見等等要求，都是可供主事者更加審衡斟酌的條件，根本不涉及現行法規的精神與原則，難道這些也都與不瞭解、誤解有關嗎？難道這些也都是非善意的嗎？

遴選工作困難不妨博採周諮

然而毛委員長的長文之中，即使是對於這一類的意見，也竟不假以一點辭色，連說聲「謝謝」都免了。提出意見的人沒有人覇道得非要你聽我的不可，但是收取意見的人又豈可覇道得擺出相應不理的姿態之外，還要反咬別人一口？講理歸講理，多少還要有點像個樣子的態度吧？

在整篇講話當中，比較引起共鳴的，是在他說到主持這一工作的感想部分。的確，在平均一百萬人之中遴選一人，很困難；名額有限，無法一一羅致，很不安，這是遴選工作不易做好的實話。雖其如此，毛委員長當然與大家一起來幫幫忙，但絕不能以為大家不說話，或專說讚美他的話，就是支持，而反映一些意見，促使這個工作做得更好，就不是一種幫忙。他還說，「我對遴選工作的確感想很多，無法一一細述」，這句話恐怕同樣也使許多人感想很多，並且與希望有一天能聽到他的一一細述，其內容想必相當精彩。

解答疑難對象應是海外僑胞

另外，在他這篇文字中提出的若干說明，確能使有些不瞭解現行法規或誤解主辦者實際作為的人得到瞭解，值得他們去「閉門思過」。不過，對於事實上瞭解的程度可能不下於毛委員長，但基於求好心切的心情提出建議方案的人，卻十分不能滿足於這類談話。因為，毛委員長的宏文，最多祇能做到對現況的說明，卻不能適應有意見者的需要；更不能使若干具有理想色彩想法的人衷心悅服，那大概是受限於他的才智、識見與權責吧。

我們最大的希望是，毛委員長在寫這篇答客問時，內心想到的不是上級與國內的人，而的確是拿海外絕大多數關心國是、渴望國府更得人心（而不是個人更有政治前途）的人為對象。不但在這件事上如此，在其他一切僑務政策工作上也莫不如此，那才會是一個有作為、名符其實的「華僑」「政務」「委員之長」。

8-12-83

請正視海外對立委遴選工作的聲音

周天瑞

就事論事理當容許批評

貢獻智慧健全溝通管道

博採周諮才能四海歸心

暮鼓晨鐘豈能充耳不聞

蕭規曹隨無以開創新局

意見廣場

遴選立委 採候選人登記制・舉行政見發表會

對於毛松年的「不以為然」，我陸續為文批評回去。

海工會、新聞局、黨部背景的人，不知道是裡面的人透過外面呢，還是外面的人透過裡面，反正一來一去，一搭一唱，相激相盪，壓力就到了余紀忠那裡。

余紀忠一看，是周天瑞署的名，他事前也確實不知道，這不正好嗎，可想而知他會怎麼說，以內部發落給擋掉了。到了內部，余自然會問，想知道總編輯怎麼說，社長怎麼說，他們一看情況不妙，當然推給了署名的人。

那社長更絕，竟好似理所當然地加上一句：「我還叫天瑞不要寫，他就是不聽！」哈哈！絕不誇張，就這麼回事。這都是我後來聽說的，有人看不慣，便自然傳到我耳裡。

我不怪誰，愛做，沒得怨，連解釋都不必解釋，我全部吸收了就是。然而這卻使我在美洲《中時》的處境陷入谷底，為我那時惡劣的心情加踢了一腳。

翻閱八三年下半年的每日記事（備忘式的記錄，算不上日記），經常出現這樣的字句：「睡眠情況太差」、「這兩天都沒睡好」、「又沒睡好」、「只睡了兩小時」、「睡了一天，仍甚疲倦」、「睜眼到天明」。八三年十二月十一日竟有這樣的記載：「今服鎮靜劑半粒」。我一向抗拒藥物助眠，這一天顯然已堅持不住，服了半粒。直到今天，用藥睡覺，這是僅有的一次。

還有這類字眼：「甚無趣」、「今日心情奇壞」、「心情仍然壞」、「近日頗多煩惱」、「終日奔忙不知所為何來」、「想回台北」、「想辭職」、「不想做了」。

「睡眠不足」、「心情不好」。這是我在美洲《中時》最困頓的一段時間。

先說睡眠不足。

美洲《中時》是後生晚輩，為了迎頭趕上，連出報時間都有計較。為了可以容納中港台每天中午以前的重要消息，還可以領先各報大半天進入市場，我們出的是早報，有別於其他華文報紙中午以後出報。所以我們的作息時間和在台北差不多，只是比台北更晚一點，紐約編輯部大約凌晨兩三點人去樓空。

這正是台北開始忙的時候。有一些台北母報可能需要的內容，要為台北發過去，還有《時報雜誌》另外需要的供稿，也要幫忙邀了發過去，甚至執筆寫過去。這些事沒有配置專人做，又不好調遣別人熬大夜幹這無償之活；而我與台北淵源深，他們習慣找我，逐漸便成了我的工作。在忙過美國這邊的事以後，接著獨自一人留下來幫忙台北，為此工作到清晨六、七點是常有的事，有幾回還搞到九點。

大白天才睡覺，睡眠品質本來就不會好；大白天才睡覺，當地的事不會為我減少。何況開會、規畫、聯繫、會客、邀稿、採訪、寫稿，甚至不時出差，本來加在身上的事就多，一天下來，能東拼西湊幾個小時睡眠？加上壓力重，心情又不好，就更難好睡了。

好在我的身體素質禁得起熬，過去在台北就有「鐵人」之稱，睡眠不足還能對付。但是睡眠不足加上心情不好，就成噩夢了。

再說心情不好。

我在十一月十一日（一年後的這一天關報，何其巧合！）給楚崧秋先生的信上有這樣的記述：「日積月累，心中之事不能傾吐，現實之缺不能稍除，鬱悶煩憂交加，誠不知何以為繼？」

楚崧秋先生是較之陳裕老後一輩的文宣領導，也更見儒雅開通，是我在台擔任《中時》採訪主任時的國民黨文工會主任，特別投緣。九月底，他曾來信關心我，我隔了近兩個月才回他此信，對這位心儀的長輩說說心裡話，首次向他提到離開《時報》或請調回國的想法，意在請益。但因他和余先生交稱莫逆，信中雖表示「伏請以私信待之，必勿宣諸余先生之前」，仍擱置了八天，直到十一月十九日才付郵。

付郵的時候，除了原信之外還加寫了一個後記之類的「附言」，向楚公敘明之前留中未發的情節，近日幾經思考，決定自我砥礪，以更多耐性和智慧，苦撐下去，使之步入正軌。所以請他把這封信中剖白的心情當作一段已成過去的歷史，這樣我就不避諱那番赤裸的告白了。

也就是說，等我想通了，心情好轉了，才把信寄出去，不希望毛躁行事，讓長輩為我擔心思。從處理一封私信都有這樣的瞻顧，經受這麼多琢磨，可以想像我必遭遇了好大的難處。

八三年十月下旬，《華視新聞廣場》來美製作美洲《中時》專題，由我全程協助主持人陳月卿，提供資訊、安排採訪。因我對一切瞭若指掌，陳月卿自然希我入鏡受訪，我也絕對勝任愉快，但我全部給了裡裡外外的人，堅決不接受一個take，她至今可能都不明所以。

那是我心情最不好的時候，不願露臉，且讓余先生他們在畫面上看不到我，他們自己去猜想，也由得外界去奇怪吧。

看人老把一副好牌打成爛牌
總編輯不如我來

究竟是什麼原因，讓我心情那麼不好？一定有人會說，因為我沒有當上總編輯，心裡憋屈。

是耶？非耶？

這個說法的「邏輯」是這樣的：

周天瑞在台北就已是總編輯第一備選，到美國開報，卻沒當上總編輯；八個月後換將，又沒當上總編輯；半年後台北最後一個老總編輯退場，還是沒當上總編輯。他肯定覺得「冠蓋滿京華，斯人獨憔悴」，憤憤不平。

當時確實有人以這個說法解釋我的一些行事，彷彿我除了整天想著當總編輯之外別無所圖，乃至為此瘋狂、焦慮、惶惶然不可終日。

這真是天曉得！

當初在台北，我真的不想那麼早當總編輯，進《時報》才五年多就當上採訪主任，當時三十歲都不到，大我十幾二十歲的老前輩還大有人在，實在太快。於是想把進程放慢，就沒太經意和老闆的相處之道，以致沒依當時他的規畫更上層樓，反倒形成了出國之局。

在美國開報，余紀忠從外面張羅了兩位前輩交替當總編輯，無須解釋，我比誰都理解，絲毫不以為意，原因前面已經說過，這裡不再重複。

至於回台北當總編輯這件事，我根本想都沒去想。老實說，自從在美參加工作以後，心思意念和美洲《中時》緊密相連，我的確以創業的心情看待美洲《中時》，主客觀形勢擺明了相當時間是回不去台北的。於是曼玲與我決定賣了台北的房子在紐約換屋，就在來到紐約一年過後，八三年六月全家歡喜入住皇后區 Fresh Meadows 的一幢 house。若我巴望著回台北接總編輯，我會賣台北的房子嗎？

所以我怎麼會為了總編輯的職位而失落、而憔悴呢？

但是我得承認，看別人當了總編輯以後的種種表現，我搖頭。逐漸逐漸，起念不如我來做。

就好比，你若看到有人老是把一副好不容易到手的好牌打成了爛牌，本來不想打牌的你，會不會被逼得想要換手？

我在台北經歷過五位總編輯，加上美國的，一共七位。這七位當中我

1983年6月全家歡喜入住皇后區 Fresh Meadows 的一幢house。若我巴望著回台北接總編輯，我會賣台北的房子嗎？

沒算上余紀忠，因為他是超級總編輯，不能算。余紀忠以外我唯一信服的是屏老——張屏峯先生，而美國這兩位，恕我直言，排名順序和共事順序剛好一致。他們不是全無優點，而是在此時此地不應該攤上這個職務，因為現在不是從前，更不是承平時期。現在在打仗，打的還不是一般的仗，優秀將領要具備的條件，真的是一個都不能少！

做好一個總編輯就算不能規畫、設計、出點子，也要看能不能把各方送進來的材料，以最好的方式呈現在報面上，不會被認為糟蹋了、搞錯了！這是最起碼的功夫。

做為總編輯要能開發每個人的潛力，讓大家願意全心效力，而不是講小話，背後批評，自我吹捧，搞得烏煙瘴氣，人人走避。也不是閒磕牙、瞎扯淡，不顧別人忙死忙活，只顧跟幾個閒人高談闊論，還以為大家心情愉快，一團和氣。這是最起碼的禁忌。

起碼的功夫不到位，起碼的禁忌倒是天天上演，請問這能讓人不著急嗎？這樣的工作方法，能把事情顧周全了嗎？報社花了大把銀子，能這麼付諸流水嗎？余先生的一番苦心，能這麼對待嗎？

那段時期的每日記事，除了「睡眠不足」、「心情不好」以外，其實更早記載而且記載最多的就是批判，對種種不當狀況的批判，藉著批判來發洩，否則我會瘋掉。

我真的認為，文人可以相輕，不可以相煎，即便是此刻，我依然不願說得太不堪，當時我肯定更不會拿這些批判的內容，向余先生打報告的。我還擔心，我一說，反被倒打一耙：當不成總編輯就「搞」別人！

我不好說，唯有忍著，撐著，但別人可不省心。

從文首那段有關我的閒言閒語，就足見我怎麼樣受到中傷。這段話非常好用，往往我提出的意見和主張，會被以這樣的曲解加以扼殺；我從外面帶回來對報紙的反應，更會用這種論斷扣我干預編務的帽子，以致不加正視。我的處境日益尷尬。

我積極的工作態度，不論是出於我的自發或是來自老闆的要求，本來就是一個容易製造戒心的源頭，防也防不了；加上旁人若有刷存在感的需要，以博老闆重視，在我身上作作文章自是最好的辦法。

正當其時，僑選立委的議題提供了好機會。

我批毛的火力或許猛了些，造成第一次與國府的遭遇戰，國府表示過關切。余先生初時未必放在心上，但不久之後來到美國，從西岸聽人說說，到東岸又聽人說說。什麼「叫他不寫他還硬要寫」都說得出來，余先生就有感覺了，以為我在鬧情緒，把脾氣發到了新聞處理上，而且跟這些外來領導處得不好。人世間，往往數落做事的人，就可以掩飾自己的無作為；打擊幹將，就可以模糊平庸。這樣的事，史不勝書。

他聽信了閒言閒語，便開始不大搭理我了。余先生面對外人，往往會欺負自己人，之前幾個子弟兵被擊退之後，我活了下來，但這時候輪到我面臨考驗了。

不得已便只好向楚崧秋先生吐露心情。不過依然沒有和盤托出，也沒有指出「余紀忠用錯了人」這個要命的真相，更沒有央他求助於余先生讓我取而代之。

但氛圍是不會騙人的，辦公室已有人開始因見勢頭不對辭職了。備受余先生器重的超級寫手林博文，受不了編輯部的嘈雜和散漫，提出在家工作、每週只到班兩天的希望，我幫他向余先生反映並爭取到不減薪禮遇，但依舊未言實情。

我也準備逃離，在給楚公的信上說：

在這種種的處境之下，天瑞常有幾種莫可奈何的想法：

一種是乾脆離開《時報》，眼不見為淨，但又怕傷了余先生的心，辜負了他老人家的多年栽培。

一種是調離美洲《中時》編輯部，免得讓人覺得礙手礙腳，也免得自己看到了不說不好，說也不好，但又怕別人說我沒風度、不成熟。

一種是請調回國，但是又怕台北編輯部有其他的情結產生，也怕余先生為難……。

真不知該怎麼辦？

在改以自我排解的態度發信給楚公、不想他操煩以後，事情並不因而解決，信中的三個選項也不會自動消失。這種既想逃離又逃離不了，既憂心忡忡又無能為力的情境，真所謂「鬱悶煩憂交加」，是我進入職場以來

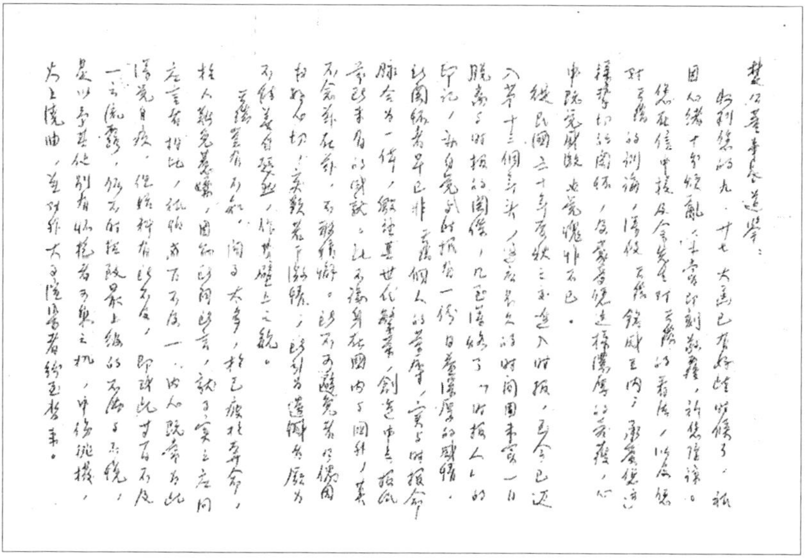

不得已我向楚崧秋先生吐露心情。

最痛苦的時候。

經我百般苦思，終於想到一個辦法，便在十二月十三日給余紀忠寫了一封信，既不明言真情，也不貿然求去，而是「呈請調職」。至於往哪裡調，卻必須有所發明。

那時候，我平日規畫新聞內容及邀約專欄文章的同時，還熱中於在紐約、華府、多倫多以外的其他華人聚落，譬如波士頓、芝加哥、費城、聖路易、底特律等地物色人才，為我負責的「今日華人」專版提供各種稿源。這個計畫對於擴充內容、增加發行必有幫助，值得進一步專注深耕，我覺得應當增設通訊組主持其事，與業務單位攜手同行。

因此我在信中向余先生請辭採訪組主任兼職，請調副總編輯兼通訊組主任。如此一來，我便可以撤離編採譯校集於一堂的大辦公室，而在門外另設一席免於煩心了。

既辭又沒辭，既沒辭又有辭。成則脫身，不成則可促使余先生推敲因由，形同以無言之言助他了解真情。

說來也巧，就在我的信以快遞寄往洛杉磯不到兩小時，余先生來電召我次日前去，估計當我抵達時他正好收信。

哪知余先生讀了我的信完全不理我的提議，一見面只稍加考慮便給我來了一個大調動：要我從紐約到洛杉磯任美西總編輯，綜理美西編務！

他竟向我做了一番表白：因我出國了幾年，和台北有些脫節；而美國這邊，為了開門納賢，所以都沒有要我當總編輯。並說，以我的歷練和能力早該獨當一面了，希望我來西岸後放手作為，他會全力支持。

第二天他還刻意約我單獨吃早餐，進一步說，他想了一夜，越想越覺得這個安排「頗有深意」，對將來會有「作用」，要我高高興興上任。言下似充滿玄機。

我一度因不願影響現職的同事，並且才在紐約住定半年，不想大肆遷徙，拜託他是否重新考慮。但他軍令如山，哪由得了我，只得答應他欣然就道，保證做到政通人和。

消息到了東岸，當場炸了鍋！原來撥弄我的人又一次臉色大變，暗忖余先生把這一咖從東岸拔到西岸，究竟是什麼意思？下意識知道大事不妙，此後再也沒有人可以掩護、可以推諉，甚至可以倚仗了，他們將完全暴露在外，被清楚看到何德何能、幾斤幾兩了。於是他說，不能走，天瑞你不能走，他要向余先生力爭。我只是笑笑，這事豈是他能做主？

但是同事們大為雀躍，一片歡欣鼓舞，這些時候他們眼見我受到多少打壓和委屈，原先不好講，這下子突然迸出了一個口子，便大大宣洩了起來。接連幾天，編輯部的每個組以及印刷廠、業務部等各個部門一一為我餞行，整個紐約總部的同仁無一缺席，每一場聚會都讓我聽到深受感動的話。他們料定：「大將一倒，大樹凋零；不出半年，一定復返」（同仁語）。一位印刷工人說，如果等不到我回紐約，他就不回台灣（工廠採兩地輪調制）。從他們的眼神裡我看得出來，同仁們重新燃起了希望，人心不死，美洲《中時》必大有可為。

外面可就別有心情了，紐約各方面的朋友，反應強烈而激動，以為我遭貶，完全不能接受。我無法說我會再回來，因我自己也不知道此去人生如何，沒法給他們一個舒緩，他們又不像報社的人有個我會回來的判斷，所以頗不能平復。有人甚至說要寫信向余紀忠理論，冷靜點的人也會說：「如果一兩個月余紀忠不放你回來，便從此不給《中國時報》寫一個字，不提供任何消息！」

事實上呢，我決定連根拔，好讓對我有想法的人安心過他們的日子。

於是，一九八三年十二月二十七日下午，新居放租，所有的家具連同座車一起裝上了 All State 貨櫃，晚上七點三十分搭乘ＡＡ班機，一家四口，再上征途，飛向洛城。

余家對「時報化」不夠深的人依然心存顧慮

世事多變，我在洛杉磯只待了四個月。

四個月的洛城歲月，我安安分分地辦著地方報。我說過，勿以善小而不為，一份只有美西華人地方新聞內容的報紙，一樣可以辦得精采。我曾經誇口，即便余先生要我去非洲辦報，我也辦給他看！

這表示，我是一個愛報紙的人，一個以任務為導向的人，一個願意受命余紀忠的人，一個在萬般困難中也要殺出一條血路的人。

四個月的美西經驗，我做到了。

我首先把第一落四大張的最後一版，變成美西的頭版，因為那是外頁，又是彩印，只要手拿報紙，向右一轉，首先就映入眼簾，最是抓眼球。以往這個版放的是藝文消息，軟軟趴趴，題材受限，不可能展顯報紙的力度。

既然美西編報，就沒有道理把這麼好的版面做成了「報屁股」，一定要讓它翻轉過來，創造封面效果。因此每天選擇美西地區與華人利害相關、生活相關、話題相關或興趣相關這類要緊的新聞，做出分量感，放在這個版位上；同時在標題與編排上也力求活潑明快。使人人爭讀，拿在手上覺得滾燙。

什麼事都還沒做，就這麼一個觀念的改變，馬上受到了注意，帶來了口碑，同仁們在外走路就有了風。足見華文報紙在編輯概念上進步得還不夠，我在美東也曾多次表達，可惜當時的頭版總顯得老派而死氣沉沉，常使我慨嘆：這是我們要來辦的報紙嗎？

採訪主任再怎麼能幹，也只是個稿件輸入者，總編輯才是輸出者。這兩人配合得好，報紙才好看。稿件的供輸不良，固令巧婦難為；但輸出不佳，便恰似一粒老鼠屎搞壞一鍋粥。總編輯要很有本事化腐朽為神奇，或無中生有，創造、激發議題，起碼要善用議題。好的總編輯不能沒有想法，更不能浪費了別人的好想法。如前所說，我是在方向、題材、內容上很有想法的人，供輸不是問題，如今又掌握輸出，輸入輸出完全做主，真有如魚得水，揮灑自如之感。

接下來為了提供更多服務資訊給讀者，特別規畫了移民與法律、旅遊與娛樂、教育與就業、理財與投資、房地產、購物與消費等六個主題，依同仁的專長做職能分配，按日分由一位同仁集稿、主編，增加了內容的豐富、實用和可看性。這個計畫獲得報社經費的支持，同仁既加了收入又多了發揮空間，於是人力充分運用，個個士飽馬騰。

美西的總經理余啟成（大家習慣喚他 Frank）與我同庚，是余先生的長公子，因是專業會計師出身，很有財務觀念，常被人說很摳門兒。但在我提出的改版花費上，Frank、Rosalind 夫婦倆與我合作無間，不覺其摳門兒。洛城時光很感謝有他們的信任和支持。

對於華人權益和參政的問題，我在美西也持續關注，但是在這裡，卻對參選爆炸的現象表達不認同，對不具成熟條件的參選表達不支持。後者尤以陳李琬若為然。

洛杉磯蒙特利公園市長陳李琬若，是第一位華裔女市長，相當受人矚目，在出任市長不久後的此時，卻想進而角逐聯邦眾議員。我們儘管樂見華人在政治上出人頭地，卻並不主張心浮氣躁與迫不及待。我們希望更要思考應該怎麼走，應該怎麼穩當地走、有效地走，使得已經晚了好幾十年的華人參政道路，莫要因為誤走冤枉路而再事蹉跎。

陳李琬若聽到了這個聲音。有一天晚上，她親自來到編輯部，表示不

我是一個愛報紙的人，一個以任務為導向的人，一個甘願受命余紀忠的人，一個在萬般困難中也要殺出一條血路的人。（圖片翻攝自《中國時報》四十週年特刊／周天瑞提供）

選了，她說，的確她的實力、聲望、準備的程度都不夠，問我可否幫她代擬一篇不參選聲明。我感覺她虛心真誠，又並不違背新聞原則，乃於下班後提筆揮就。第二天她在記者會中逐字宣讀，感性表達了「不是休止符，而是鳴槍起跑」的心情，表示兩年後「琬若願為大家出征，而且願為大家帶回勝利的成果。」「讓我們攜手並進！」氣氛很是感人。

我們成功地消停了一次因華人參選而帶來的傷害，讓華人參政保留了元氣。各方對我們自始至終的處理方式都極為讚許，我也覺得做了一件有意義的事，不虛此行。

南加州的太陽無比溫煦，在洛城的工作得心應手，同事相處愉快，業務蒸蒸日上，同業備感壓力，各方不吝稱道——真是一幅政通人和的好景象。與紐約時期相比，彷彿置身天堂，誠然是，舊事已去無暇顧，只留故人在念中，唯有好好珍惜當下了。

然而這樣的好日子過不了太久，四月七日，余先生電召舊金山，當天他先和幾位常在美國走動的老友有些接觸。第二天，在余府的一張小圓桌邊，他、Frank、我，我們三個談著談著，突然間他一臉端肅凜然下令：

「天瑞，你去接下來！」

Frank 和我同時「啊？」了出來。他「啊？天瑞一走，洛杉磯怎麼辦！」我「啊？又要大搬家啦！才不到四個月啊。」

這哪是余先生在意的問題。我看得出來，他這趟來美，充滿憂容。老實說，這幾個月，以前我不好告訴他的，之後自有人直接間接、主動被動地告訴他了。從他開口說話或談問題的方式，我就分辨得出他在不在狀況內。紐約編輯部裡，編譯主任黃肇松仍一如過往盡職盡責地從各種報刊上選譯好料，但自產新聞與專欄的供輸則大不如前，常有缺稿和內容貧乏的狀況。這可不是美東地方版，而是事關門面的一、二、三版啊！許多人有了這樣的觀感：「美西的報紙變得好看了，反倒美東的報紙難看了！」這些都使余先生尷尬地發現，在用人上的確出了問題。他在苦思怎麼解決。

後來聽說，余先生和幾位常來美國穿梭的近（老）臣有過討論，原本打算在奧運過後，九月一日派我回紐約總部接任總編輯，但到了美國經實地感受，又聽了各方反映，覺得事不宜遲，決定提前。余紀忠終於在這個晚上要派出子弟兵接掌軍符了，我的這番轉進過程，便好似合了他調我西來當時所謂的「深意」，何其折騰！

總編輯換人，必然牽動高層人事，余也似胸有成竹。為了免得對人對己太過尷尬，原則上不開走一個人，他緩緩道出：社長不變，總編輯改調總主筆；至於原來的總主筆，由他親自情商陳裕清先生移任副董事長並代理董事長。

他決定即刻先往紐約進行部署，等他張羅好了再召我東去參與佈達，並囑我利用這段時間好好檢查身體。他發現我多年來反胃的老毛病還沒好，仍不時呼天搶地大肆乾嘔。

那個晚上，等我們逐漸回過神來，Frank 丟出了一個題目：「爸爸，如果社論有問題的時候，該由總編輯定奪呢？還是總主筆定奪？」

大哉問啊，好個 Frank！余先生一時答不上話來，沉默不語。

由此可知，余家對「時報化」不夠深的人依然心存顧慮。但如今既要人家讓位卻又納入監管，恐遭罵名；但若命我袖手，又因礙於我在場不好說。

我是這個問題唯一在場的當事人，見余先生不語，便打破沉默：「余

中國時報

奧運會隆重揭幕·看今朝虎躍龍騰

· 全球英豪共聚一堂、兩岸選手掌旗登場 ·

· 好萊塢式演出、山姆大叔風格 ·

· 萬眾矚目屏息以待、聖火之謎終告揭曉 ·

· 國府立委吳延環兩度上鏡頭表情大不同 ·

· 代表各國選手宣誓、摩斯連屯三次蟬聯 ·

· 由數字紀錄看奧會開幕典禮 ·

余先生和幾位常來美國穿梭的近（老）臣有過討論，原本打算在奧運過後，九月一日派我接任總編輯，但到了美國經實地感受，覺得事不宜遲，決定提前。（圖為一九八四年奧運開幕報導）

先生，通常依報社慣例，總主筆主持筆政，總編輯綜理編務，各司其職。社論是總主筆的權責，應該由總主筆決定。」

我並不是個愛攬事的人，也不想當「小警總」，況且總主筆又好似是被我「擠走」，此後我不但應多所尊重還該避免形成工作矛盾，社論的事最好不由我決。

如果余不認同我那個說法，他就要在我所說的「慣例」之外，生產出別有規定，且要確切向相關的人說明清楚，以利執行。

但這顯然是個合他心意的想法，聽我話聲一落，當即拍板：「就這麼辦！」除此沒有其他叮囑，不論這時候還是這以後，都沒有其他叮囑。

從這裡明顯看得出來，他的確比較缺乏制度性的習慣，等到後來社論出了事，他的反應是，把有黨政背景的人推上前來。前後相比，倚輕倚重，各走一端，前面顧到自由派觀感，後面又只顧向保守派交代。充分顯示因時制宜、見機行事的人治作風。

我以為我免除了責任，當然沒有！在後來的社論事件裡，總主筆固然承擔了責任，余先生依然對我有看法，我也承受著內疚，只是彼此都沒有說出口。在這種體制下，責任不是一種明文而有形的東西，何況在情感道義上，它無形相隨，永遠揮之不去。

不過我倒是影響了美西總編輯的接任人選。余先生原來還是傾向從外面挖人，經我分析利弊得失後，他終於接受我的建議由卜大中內升，希望藉此建立鼓勵優秀同仁的制度，使既有的人才不虞埋沒，報社得以生生不息，棒棒相接。可惜後來報社關門，一切成空。

其實，要跟余先生談制度很難，往往在人事問題上再好的制度，他是制定者，更是破壞者。對我們來說，制度帶來穩定，便於運行。對他而言，制度帶來束縛，影響發揮——權力的發揮、創意的發揮、謀略的發揮，甚至魅力的發揮。

對待人才，他好有一比，有如吃碗內看碗外，時常四處搜尋美食，不大重視相融和搭配。時日一久，矛盾橫生，若非人才往外走，就是人才不敢來。這回我成功促成接任人選，不是我有多厲害，而是與余先生屬意的外人不願應命前來有關，蓋因該員害怕「日後被糟蹋」。當他對我明白道出這個理由的時候，我暗自向他翹起大拇指，忍不住讚他一聲：「聰明！」

它讓我閃過一念　哪天遭出賣不要意外

對於我重回紐約這件事，如果我說受到如同傳奇故事一般的待遇，人人奔相走告，紛紛喜形於色，請不要責我自戀和膨風。一年前喬治・盧卡斯的《星際大戰六部曲：絕地大反攻》（*Return of the Jedi*）熱映，這時候這幾個英文字，正好被人用來形容我的回來，擊掌擊拳交加，也都是事實。

我沒教人失望。從五月一日坐上編輯台那一刻起，整個工作氣氛、指揮效益、報面表現就不一樣了。「立竿見影」四個字，再次獲得實證：從編輯到內容，報紙馬上變好看了；美國台灣之間、美國香港之間、美東美西之間，溝通變得毫無障礙了；從理想到現實，從口號到實行，竟然就那麼清楚地變得零時差、零距離了。

不少人感嘆，如果早個一年多如此，該有多好。

裡裡外外的揄揚，我不好多說。其實我自己並不覺得什麼不得了，不過是多一分用心、多一分認真，把早就盤桓在腦際的想法付諸實現罷了。

一切都從特別重視第一版開始。首先我打破制式化的選稿，更打破制式化的編輯，頭版經常就是一條主新聞，配上一張大照片而已，突出而醒目；比如華裔美女梅仙麗摘下環球小姐后冠的新聞，就是這樣處理。今日習見的頭版編法，美洲《中時》三十四年前就這麼做了。

報紙當然不能只有頭版好看，十大張四十個版其實多所精采，但它們都藏在裡面，一定要幫助讀者找出亮點放在頭版才好。

於是我每天親自從正刊到副刊的四十個版的每一版當中，精挑細選好看的內容，分門別類地列成一個「今日要目」，放在頭版，就解決了這個問題。彷彿「總編輯上菜」一樣，教人一目了然。讀者看了「要目」裡吸引人的題目，很快就可以決定把報紙帶走了。

另一個創舉是藉「編輯人語」和讀者說話，我不時會用短短幾句話告訴讀者，我們又有了什麼新猷和改變，這同時也可以激勵我們內部要永保創新。

此外，定位要非常清楚，我們是華人的報紙，是辦給華人看的報紙，不是美國報紙的中譯版。因此不僅是選材，更要積極規畫題目，要耕耘，不能懶惰，不能遲疑搖擺。至於余紀忠的「十四字箴言」及〈我來自何方？我置身何處？〉文中所標舉的態度，那更是念茲在茲、奉行不渝的主

寓居美國時和友人留影。

心骨。

簡單說，它就是心心念念把讀者放在心上，讓人覺得貼心，還覺得這份貼心裡有著豐富的專業堅持，能博得他們的信賴和敬愛。

我一無困難地帶領著各地的同仁，群策群力地創造每一天銷售上的驚奇，一個那麼重視讀者，那麼為讀者設想的報紙，會沒有明天嗎？主掌業務大政的總經理余建新（余先生么子，Albert）在我接事後不久就說：「我們明年一定趕過《世界日報》！」不等明年，幾個月後美洲《中時》關報的當時，就已經趕過了《世界日報》。

然而，在這麼辛苦但充滿成就感的狀態中，我卻有種不祥之感，這種不祥之感尚非來自外部，而是我在《時報》裡面的幾個體驗。

話說我四個月前離開紐約，舉家遷往洛城，把才住了半年的新居租給別人；此番東返，已無家可歸。所以我先獨自飛來紐約履任，報社允我暫時在宿舍窩居，等找到房子後再把家人接來。

一九八四年四月二十九日在家人和洛城同仁相送下，我登上東行航班，於午夜時分抵達紐約。報社派了一位祈姓印刷工人來接機，因大家正在上班，自不會有歡迎場面，並不意外。在蒼茫的夜色下，便由這位印刷廠的小兄弟送我抵達宿舍。

到了宿舍才讓人嚇了一跳。

美洲《中時》的印刷工作概從國內派人支援，採輪調制，避免勞師動眾，形成移民大遷徙，所以報社特為他們安排宿舍。在地下室有間套房，供台北偶爾來人短暫居留之需。我的窩居之地便在此。

到了宿舍，打開地下室，迎面而來的是惡臭撲鼻，觸目所見的是髒亂不堪，小強滿地打滾，天哪，這是人住的地方嗎？那是一幅不知多久前有人住過，之後就沒再清理也沒人搭理過的破落景象。

我沒指望歡迎，但赫然見此類似「倒歡迎」之場面，不免倒抽一口冷氣。究是何故？何人致之？心中不能沒有問號，也隱約有數，乃生不祥之感。但我寧可信其無，提醒自己不要以疑為真。

它起碼暴露了報社的管理問題。一間地下室的招待所，即使久無人用，也不該任令其如此髒、亂、臭而無察覺；既知有人要來此居停，竟無一機制進行處理以致避免，這是在任何稍微上點軌道的地方都不會發生的事，但它竟活生生地出現在我眼前。回想當時還在紐約，廁所總是髒臭，備受同仁批評，如今益證這個報社的管理依然故我。明顯地，問題不止在編輯部，就算我救得了編輯部，也救不了它全部！不得不使我油然而生不祥之感。

它讓我閃過一念：報社的主要人物當中，有人心不在此，不想長治久安。

我花了好一番功夫清理完畢，很快就到了報社下班的時候，便約了幾位編輯部的主要同仁，記得有黃肇松、徐啟智、胡鴻仁、周仲庚（范疇）來宿舍夜談，聊聊現狀，聊聊將來。

另一個不祥之兆就是來自今晚談話中的信息，並因這個信息發展出來被我感受到的現象。

信息是，我馬上會面對一個棘手問題，棘手問題是，一位名叫傅崑成的記者將強烈要求掛名「本報駐紐約特派員」。

崑成是我在台北當採訪主任時帶過的記者，主跑外交，個性積極，充滿激情。其後赴美留學，美洲《中時》開辦後取得碩士學位，願意加入工作，獲余先生同意。由於他已薄負盛名，不但不可能採訪華埠新聞，也不可能熱中於在新僑的社團進出，而華府員額有限，不會為他增加編制。我幾經思量，特別開出聯合國這個新的採訪路線給他，他欣然接受。並且約定，他發稿台北《中時》可用「本報駐紐約特派員」（余先生私下答應他的），但發稿美洲《中時》則用「本報記者」，他也同意。

但這些日子顯然他改變了想法，乃向前任總編輯要求在美洲《中時》也用特派員名義見報，未獲同意。如今我回來，因共事淵源較深，他或有得償所願的高度期待。

但這是個不可能同意的要求，他在美洲《中時》任職，身在紐約工作，哪有加銜當地特派員的道理？如果可以，豈非所有在紐約採訪的記者都要比照，其他地方（包括台北）的記者也都個個改任「當地特派」？這是哪國的邏輯？哪樣的荒謬！

果然，我到職第一天，他就來談這事，之後利用各種機會多次重複。我都好言相勸，曉以義理，語氣溫和，但堅決不允。

五月二十四日，就在那個編採譯校集於一堂的辦公室裡，他竟當著所有的同仁，對我大敲桌子，大聲咆哮，如瘋子一般走前走後，揮動雙手，高喊：「憑什麼你不同意，報紙不是你周天瑞一個人的！從今以後我再也不供稿！」並要求即刻把今天發的稿子還給他。

面對此一突如其來的風暴，我顯得異常冷靜，無一字之回應，繼續如常工作。第二天他又再度咆哮，我依然不動如山，面不改色。只宣告式地說了一句：「請你注意，你連續兩天在辦公室中拍桌子，今天且不止一次，使本辦公室紀律蕩然。」

我向來不被認為是個好脾氣的人，但我從沒對瘋子發過脾氣，何況全辦公室群情激憤，我完全站在有理處，受到支持，又何須生氣？然而對這樣明顯破壞工作倫理與工作紀律的事，報社自當要有個處理，我不需要說話。

余先生無聲，二老闆儲先生從台北來電問我，崑成有無可能繼續待在這個辦公室？我說，此事非僅犯我，乃是犯了眾怒。報社打算調他回台北，Albert 勸說無效，十一天後詢之於我，我說他必須向同仁及總編輯的職務角色正式道歉，以示擔當。再過四天，Albert 在中城一家中國餐廳設席，崑成當著十位同仁的面正式公開道歉，表示絕不再犯，一口飲盡大杯紅酒，尤其向我感性訴說了從台北以來兩家人的交往，深有歉意。一場無謂的風暴，終告落幕。

我與崑成從無怨仇，至今都是相互認帳的朋友。誠如他在餐會上自己說到，去年剛到紐約時，天候奇寒，我內人脫下身上的大衣送給他太太，令他夫婦感念至今。他為了頭銜想不開，以致抑鬱發瘋，我力持鎮靜，沒有擴大衝突，調解者應該很快就可以促其認錯道歉，恢復平靜，安定人心，怎麼竟要費上半個月工夫！

而從事發一個月，待崑成返台見過老闆，說出了他對我的抱歉之後，余先生才來電讚許我自始至終表現極好，並說他一直認為我是對的。然而這期間他與我屢有公務來電，竟隻字不提，彷彿什麼事都沒有發生。

這一天我在日誌中寫下：「此事又知余的風派個性也。」

一個看來複雜其實簡單的事件，磨磨蹭蹭弄上半個月，才搞出個當事人道歉的結果。馬上可以支持並慰勉總編輯的電話，卻等過了一個月見風平浪靜才打過來。

我不明白余氏父子為何如此處事？我不知道是否算計著什麼？我也不理解真心誠意何以如此困難？我能沒有不祥之感嗎？

它讓我閃過一念：總編輯算不得什麼，哪天遭到出賣，不要意外！

不變應萬變
讓台灣不致絕跡國際組織

儘管蒙上不祥之感，且知處境之複雜非僅外在，但工作還是要積極推動。美洲《中時》面臨最大的關卡——奧運新聞，就在眼前了。

一九八四年的第二十三屆國際奧運，七月二十八日到八月十二日在美國洛杉機舉行，是全球華人的大事。

這一年，中華民國自參賽名稱受到國際杯葛，連續兩屆被摒於門外以來，第一次以「中華台北」為名重返奧運。中華人民共和國則取代了一九七二年以前常年由中華民國為代表的地位，終得繼一九五二年之後再度以「中國」之名參加奧運。

也就是說，台海兩岸中國人自分裂以後，三十多年來將第一次共同出現在國際場合，並將同場競技。

在進入美洲《中時》奧運新聞報導這個主題之前，容我先簡述一下二戰後中國與奧運的關係。

一九四五年抗日戰爭勝利，台灣回歸中國，一九四八年以中華民國為內涵的「中國」奧運代表團參加了倫敦奧運。這是兩岸首次在統一狀態下參加的奧運，也是至今唯一的一次。

為了奧運，自視為代表全中國的中華民國可謂歷盡滄桑。先是力爭中國代表權，後是力爭奧運參賽權。

一九五〇年國民政府退居台灣，國際奧會從一九五二年起就沒給台灣好日子過，原因是台灣扛著「中華民國」這塊牌子，而「中華奧會」的實際範圍遠不足涵蓋整個中國，故遭除名；但中華民國又因是聯合國會員國，不甘遭除，旋即改以「中華民國奧會」重新入會。因此每隔四年台灣都要為了代表中國的「中國代表權」問題，在國際間頑強地進行一番折衝樽俎，備極辛苦，形成以下的待遇。

一九五二年，赫爾辛基奧運，中華民國因「漢賊不兩立」，退賽。中共代表中國。

一九五六年，墨爾本奧運，中華人民共和國堅持「台北不出，中國不入」，退賽。國府代表中國。

一九六〇年，羅馬奧運，國際奧會正式剝奪中華民國的「中國」名義，限制必須以「台灣」為名，中華民國代表在開幕典禮中手持「抗議中」白布條，走在「台灣」名牌後面進場。

一九六四年，東京奧運及一九六八年墨西哥奧運，國際奧會與中華奧會各自表述，台灣勉強維持了代表中國的局面。

一九七二年，慕尼黑奧運，台灣贏得一次外交勝利，獲得國際奧會正式通過，以「中華民國」名義參賽。這是歷史上的最後一次。

從一九七一年十月中華人民共和國取代中華民國在聯合國的席位後，「中華民國」在奧運會就再也不能矇混過關了；加以，一九七九年美國與中華人民共和國建交，美國給予中華民國退出歷史舞台的壓力，更如雪上加霜。以致：

一九七六年蒙特婁奧運，加拿大因已與中共建交，力主中華民國代表團必須改稱「台灣」，否則不發入境簽證。行政院長蔣經國堅拒妥協，代表團在運動健將楊傳廣等人率領下，全體撤返台灣。

一九八〇年莫斯科奧運，美國抵制蘇聯侵略阿富汗，發動六十四個國家集體杯葛，拒不參賽，台灣亦在其中。事實上台灣因美國遷就中國大陸導致會籍未決，竟首度沒有獲得邀請，但在國際事件掩護下，算是躲過一次明顯的尷尬。

中華民國七十三年七月卅一日 星期二　中國時報　JULY 31 (TUESDAY) 1984　第一版

中國時報
USPS 676-690
NO. 585

大陸選手許海峯打破金牌零紀錄

自由手槍賽勇冠三軍 贏得中國人歷史殊榮

國際奧會主席親臨主持頒獎儀式

男子舉重輕量級世界、亞洲、中國紀錄比較

項目	世界	亞洲	大陸	台灣
抓舉	115	112·5	112	100·5
挺舉	145	140	135	125·5
總成績	260	252·5	247	226

今年奧運舉重輕量級成績

姓名	名次	抓舉	挺舉	總成績
曾國強	金牌	105	130	235
周培順	銀牌	107·5	127·5	235
真部	銅牌	102·5	130	232·5

今日要目

大陸選手「舉重」若輕

曾國強周培順分獲冠亞軍

台灣代表鍾小吉陳聖元在十名以外

獎牌得主，英雄群像

杜台興射擊成績五五八分

排名第十並刷新台灣紀錄

男子自由手槍中國、亞洲及世界紀錄比較

世界	奧運	亞洲	大陸	台灣
581	581	567	573	557

今年奧運男子自由手槍成績

金牌	銀牌	銅牌
中國大陸 許海峯 566	〈瑞典〉史卡納克 565	〈中國大陸〉王義夫 564

北美地區所有華人都將睜大著眼睛，看美洲《中時》怎麼處理可預料中國大陸將大舉奪得奧運獎牌，而台灣將相形失色的新聞。

中國代表權的身分一去不復返，接下來便要如何為參加奧運而戰了。改弦更張是大勢所趨，否則台灣將再也不得其門而入。

依照奧林匹克憲章規定，參賽國必須是國家名稱，也必須使用國旗國歌。中華民國已被中華人民共和國取代，皮之不存，毛將焉附？國際間雖也有人主張北京中華奧會、台北中華奧會並存，但不到半年就被推翻，七九年的名古屋決議進一步要求台北中華奧會必須改名，並且要另定旗歌報核。

由於名古屋決議與當時的奧林匹克憲章明顯不合，七九年底國際奧會委員徐亨與中華奧會主席沈家銘便一狀告到瑞士洛桑（國際奧會總部所在地）地方法院，指控國際奧會違憲。結果國際奧會敗訴，並須支付開庭費及補償原告所有訴訟開銷。

不過，由此促使了八〇年國際奧會修改憲章，把原來規定各參賽單位從「國家名稱」改為「代表團」（delegation），且可以不使用國旗國歌，改用代表團的旗歌。

這個修改，為「中華民國」這個被認為不存在了的國家名稱解了套，也以「Chinese Taipei Olympic Committee」這個台灣奧會的組織新名詞，出現了Chinese Taipei這個台灣代號，「中華台北」便應運而生了。也就是說，不管中華民國是不是個國家，只要「中華台北」被認為是奧運代表團，便享有奧運參賽者的一切權利。

但這個安排還要能獲得國際人士與台北政壇認可才成。新任國際奧會主席薩瑪蘭奇與徐亨為此多次會商及分別奔走，中華奧會與國際奧會終於在一九八一年三月二十三日簽訂了協議書，完成了台灣重返國際奧運的法律基礎。

直到洛城奧運開賽前，八三年，中華奧會還在向國際奧會爭取使用中華民國國歌為代表團團歌，但為國際奧會嚴拒，最後只好以國旗歌送交出去，排除了重返奧運的最後一道障礙。至此，台灣確定了不會再代表中國，中華人民共和國遂得以順理成章地代表中國參加奧運了。

這就是「洛桑協議」、「奧會模式」的背景。這套東西儘管充滿無奈與妥協，但得之不易，後來也被用在非體育的許多國際組織的參與上，讓台灣因「中華台北」之名而得以入會。

中華民國七十三年八月五日 星期日 中國時報 第一版

中國時報 週日奧運報

RECEIVED AUG - 1984

大陸體操隊遲來的榮耀：李寧三金二銀 樓雲二金一銀 童非一銀

中華棒隊大勝義大利晉入決賽‧六日可能首逢日本

美洲《中時》做為要在海外爭取人心的報紙，勢必要褪去特定時代的政治符號與政治色彩。

如今許多人對「中華台北」之名及其旗、歌不滿，但若將它拋棄，幾無可能即刻尋得與謀得替代之途。或許當年以「台灣奧會」為代表團之名，也可能為國際奧會所接受，但這不可能發生於當時以「一個中國」為概念的台灣執政當局，而今亦不可能實現於中國已臻世界第二大強國的國際現實。若為台灣的國際空間著想，以不變應萬變，恐怕才是讓台灣不致絕跡於國際組織的最佳選擇。一九八四年的洛城奧運就是它初試啼聲的開始。當年如此，今日亦然。意圖僥倖，必易生亂。

那個時代，兩岸之間還是形格勢禁，以台灣的新聞用語為例，仍然對中國大陸充滿禁忌。比如，不能稱其為「中國」，要名之為「共匪」，連稱為「中共」都可能受情治機關側目，疑為故示親善是何居心？至於報導的尺度，只能報其憂不能報其喜，否則有對中共拋媚眼之嫌，對中共領導更不能有一字之褒……。總之，因政治因素影響於新聞專業的有形無形束縛，多不勝數。

美洲《中時》做為要在海外爭取人心的報紙，勢必要褪去特定時代的政治符號與政治色彩，因此在開報之初就進行過多次討論。首先就摒除

「匪」字，「共匪」、「毛匪」、「匪酋」、「匪黨」、「匪諜」、「匪軍」，不再使用。至於「中共」、「中國」、「中華人民共和國」這些稱謂，美洲《中時》的做法是，本報自己的撰稿概稱「中共」或「中國大陸」，亦即不以國家待之，奉國府為「正朔」；但外電或來稿如何表述，則以忠於原作、不加改動為原則。而中國大陸的好好壞壞，皆以發生的事實為憑，本乎平實。當然，這樣的做法，台灣方面肯定有人是有看法的。

如今奧運新聞將至，必有大量的大陸消息要披露，且因大陸的體育實力可觀，也必有大量的奪牌消息要報導。這個新聞在那樣一個一方面面對形格勢禁，一方面顧及專業思維的時候，要怎麼處理？

美洲《中時》必須做出抉擇。

我們的思考是：

奧運舉行的地點在美國洛杉磯，正是美洲《中時》發行美加全域的主要現場之一。毫無疑問，北美地區所有的華人，都將睜大著眼睛，看美洲《中時》怎麼報導這個眾所矚目的消息，怎麼處理可預料中國大陸將大舉奪得奧運獎牌、而台灣將相形失色的新聞。

中華民國七十三年七月三十日 星期一 中國時報

兩百二十項比賽六百六十面獎牌
美國約可囊括其中三分之一
預測羅馬尼亞西德居次、中國大陸第五位

奧運選手村、刁斗森嚴 顧及運動迷、網開一面
進出通道檢查哨站附近儼然闢為自由區 眼見耳聞都在勢力範圍守衛樂得逆人情

如臨大敵

奧林匹克運動會大事年表

八方風雨會洛城！誰解選手一片心？
男子十項跳遠女子徑賽等、多項紀錄顛撲不破 各國健兒雖有心惜乎無力、本屆奧運難見佳績

歷屆奧運得獎牌最多的國家

625 340 163 142 129

洛杉磯奧運十強獎牌預測

三記者簽證見拒 利比亞退出奧運
國務院指係恐怖份子 參加國減為百四十個

奧會最高決策單位 執行委員進行改選
新任數人與中華奧會關係甚篤

根據海峽兩岸代表實力 預估中國人名次與獎牌

奧運籌委會主席尤伯羅斯再度強調 不花納稅人一分錢
聲稱繳付四億美元稅金嘉惠大眾

電視觀戰 七月二十九日 星期日

這次參賽，將是中國人尋求「零的突破」的機會，加以當時的蘇聯因報復美國對上屆莫斯科奧運的抵制而退賽，中國的金牌數亦會持續攀升。

在中華民國代表中國參加奧運的歷史上，只得過楊傳廣的男子十項銀牌及紀政的女子八十公尺高欄銅牌，以致中國在奧運史上至今還是金牌處女地。由於中國大陸體育實力堅強，這次參賽，將是中國人尋求「零的突破」的機會，加以當時的蘇聯因報復美國對上屆莫斯科奧運的抵制而退賽，中國的金牌數亦會持續攀升。

一九八四年台海兩岸還處在敵對狀態，奧運新聞的內容勢將相當程度地彰顯大陸，自有其政治敏感性。

但這是一個新聞，是大家關心的新聞，是連續發生在華人身邊長達半個月的新聞。對於這樣的新聞，新聞媒體豈能蒙眼蔽耳，公然偏頗、撒謊、隱匿、縮水？不僅不能，由於它具備了畫面豐富、內容跌宕的特質，在報導上、在版面上給予相匹配的安排，恐還是大眾傳播工具應為當為之事。

如若不然，美洲《中時》一年多來在讀者心目中建立的專業形象，將一夕摧毀；好不容易為台灣在美洲建立的信譽橋頭堡，也將為之土崩瓦解。此後，什麼「開明、理性、求進步；自由、民主、愛國家」，就都不必吹了，將會受到無情的質疑與挑戰。

換言之，這是身為來自台灣的媒體在海外進一步建立公信力的關鍵時刻，美洲《中時》無可逃避地要迎向這個時刻，在此時代交替之際，承擔起歷史的跨越。

美洲《中時》因奧運新聞如日中天了

一九八四年因兩岸首次共同參加奧運，在新聞報導上面臨到一個歷史的跨越。不談跨越則罷，既談跨越，無他，唯忠實報導，跳脫政治，回歸體育與新聞本質而已。

對此，美洲《中時》內部當然有過討論，這是一個從籌備時期就面對的問題，這個問題不論何時、何人討論，美洲《中時》內部的共識總是高度一致，自余紀忠以下，一無歧異，幾乎到了無須討論的地步。而我接掌總編輯的時間表由九月提前到五月，與打好奧運這一仗，也大有關係。

自五月一日接事以後，稍事停當，我便開始面對奧運任務，進行全盤規畫。

美洲《中時》的人力配備中本來並沒有體育新聞專業背景的人，幸好，原先在台北中時當過體育與攝影記者的蕭嘉慶，此時完成米蘇里新聞學院的學位，體育、攝影、《語文》條件具備，我便邀他暫不返國，來美洲《中時》幫忙增闢體育版，為爭取奧運讀者預做鋪墊。

體育版很快順利開版，其後從半版擴為全版，再從第十二版前進第五版（皆彩色版），逐步加熱、升高。到了奧運前十天，特派他前往洛杉磯，於奧運揭幕後協同其他記者為前線聯絡員，照料新聞供輸，與我密切搭配，前後方因而串為一體，無縫接軌。

為了因應奧運賽期的延續性，美洲《中時》一改週日休假慣例，天天出報，並推出週日奧運報，免費大放送。

第一版平常有三分之一版是廣告，週日奧運報取消廣告，全部改為內容。如此，往往以一、二、三，三個全版加上一個圖片全版，刊出奧運新聞，充分展現奧運新聞的王者氣勢。

至於內容上，除奧運重要動態，特別是各項與華人有關的賽事一一分門別類報導以外，尤其重視圖表、小貼士、小專欄，增加可讀性、知識性與版面變化，也盡顯對於讀者的貼心。

在人員配置和調度方面，除紐約特派的聯絡員以外，並動員洛杉磯、舊金山兩地的記者，加上由知名體育記者李廣淮領軍的台北記者群，三方面共建《中時》奧運新聞採訪團；搭配紐約編譯組豐沛的譯電人力，為各種訊息布下天羅地網，再由各版主編以近時大力推動的新穎、靈活編法呈現在版面上。

奧運正式揭幕之前，我還特別飛了一趟洛杉磯，與《中時》奧運新聞採訪團全體同仁聚會。除了加油打氣、陣前誓師之外，並特別定調，兩岸首次共同與賽的奧運，意義不在「獎牌數」，而在各項賽事突破的「紀錄」，希望在採訪中特別留意。之後，在紐約編輯部也做了同樣的表達。

我的立意是，縱使不為政治，也不要忘了我們來自台灣，有自然的感情歸屬，而不是純然的海外第三者，乃有必要在中國大陸獎牌連連落袋的時候，照顧到台灣讀者的心情。

為此我們雖做不了什麼，更不能扭曲什麼，但是可以把這個思考和我們是華文報的屬性加以聯結，成為這樣的編輯政策：「不從獎牌著眼，而從紀錄著眼；只要是在奧運打破歷來中國人紀錄的，便予以顯著處理。」

紀錄可能涵蓋獎牌，但紀錄不必然奪牌，從紀錄著眼，台灣選手便不至於處境窘迫。因為當時有不少項目是中國大陸沒有參加，或成績尚不如台灣的，比如游泳、國術、柔道，甚至棒球等等，台灣選手只要破了台灣紀錄，便是破了華人紀錄，則在上述概念下就會被顯著報導。

這個概念後來被具體落實，最明顯的例子便是蔡溫義舉重奪得銅牌，這個消息在中國大陸仍有金牌斬獲的同時，攻占了美洲《中時》頭版頭條的位置。

蔡溫義得到的雖不是金牌，但打破了中國人有史以來的成績，而當天獲得金銀牌的大陸選手雖然也不乏破了中國紀錄（甚至世界紀錄），但在新聞強度上，在大陸獲獎連連的時候，遠不及蔡溫義奪牌所具有的空谷足音之感，這便是「新聞性」，當然更符合美洲《中時》的「屬性」。

此外台灣選手所創的優異成績，雖未到達大大突顯的程度，但也受到美洲《中時》相當青睞，是唯一如此表現的海外報紙。由此可見，美洲《中時》在奧運新聞處理上有一定的邏輯，並沒有犯了什麼親中病。

後來有人指控，說美洲《中時》以「紫氣東來」這樣狂讚的字眼，用於中國大陸狂得金牌的新聞標題上。這完全是子虛烏有的造謠與張冠李戴的亂套。事實上，它不但不是美洲《中時》的新聞標題，反而見諸聯合報系《世界日報》的報面（奧運次日《世界日報》一版頭條標題：「奧運舉重，紫氣東來，大陸選手奪金銀牌」。據證實，乃出於該報著名老編王潛石之手）。只怪美洲《中時》的奧運新聞效益太顯著，樹大招風，變成了

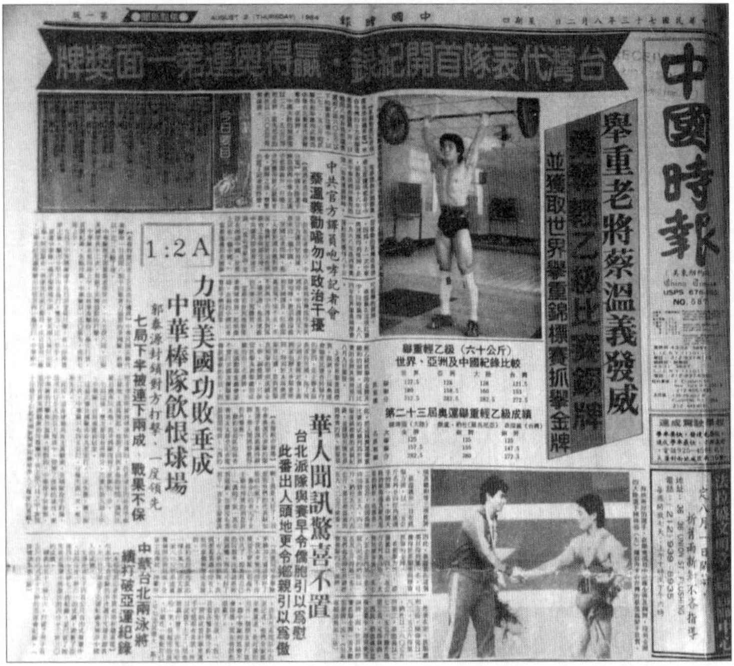
中國時報 AUGUST 2 (THURSDAY) 1984
第一版
台灣代表隊首開紀錄・贏得奧運第一面獎牌
中國時報
舉重老將蔡溫義發威
並獲取世界舉重錦標賽抓舉金牌
中共官方譯員吆喝記者會
蔡溫義勸喊勿以政治干擾
1:2A
力戰美國功敗垂成
中華棒隊飲恨球場
郭泰源封鎖對方打擊、一度領先
七局下半被連下兩成，戰果不保
華人聞訊驚喜不置
台北派隊與賽早令僑胞引以為慰
此番出人頭地更令鄉親引以為傲
中華台北兩泳將
續打破亞運紀錄

在新聞強度上，在大陸獲獎連連的時候，遠不及蔡溫義奪牌所具有的空谷足音之感，這便是其新聞性之所在。

莫須有。

美洲《中時》誠然編排大氣，但在標題上並不追求浮誇。比如，在中國奪得第一面金牌時，橫題是「大陸選手許海峯・打破金牌零紀錄」，直題是「自由手槍賽勇冠三軍・贏得中國人歷史殊榮」。大陸女排在萬方矚目下摘得后冠時，標題是「大陸女排真『金』不怕火煉・直落三痛宰美國」；同日並列頭版的則是「中華棒球隊『再見』全壘打・勝三分氣走南韓」。如此而已，何嘗有什麼鋪長揚厲、喜不自勝，以至於不知伊于胡底地違反新聞專業的情緒表現！

「華人觀點，紀錄著眼」，具見用心良苦，有為有守，自然受到歡迎。又因彩印之故，更是得天獨厚，加以發行同仁的全力卯上，報紙一上市便銷售一空，各地加報的要求紛至沓來。開報不滿兩年，美洲《中時》因著奧運新聞真的如日中天了，聲勢臻於鼎盛。

它的亮眼逼得人不注意它都難，它持續半個月、無可避免地出現大陸的利多消息：完成中國奧運金牌零的突破，取得十五金、八銀、九銅的佳績，總獎牌數名列世界第四，華人心情為之沸騰。

但大家不知道的是，美洲《中時》的做法固然令來自台灣的華人感到震撼，其實，受到更強烈震撼的是來自大陸的讀者。

中國大陸從一九七九年鄧小平實施改革開放以來，漸有外移人口。加以需要從文革的廢墟中重建國家，每年有逐年遞增的公費生留學海外「習夷之長技」，儘管行動上同進同出，受到監控，與一般留學生大不相同，但外在世界的情況不可能密不透風、徹底隔離。

什麼外在世界的消息是不必隔離也隔離不了的？

「台灣人辦的報紙大幅報導中國大陸的輝煌成績，登在頭版頭題，圖文並茂，比大陸自己的報紙都登得大，登得好看！」

是不是就是一個隔離不了的消息？是不是會造成奔相走告？

是的，當然是！這個消息比中國人得了多少金牌還令他們震撼。得金牌是可預期的，台灣來的報紙能這麼報導大陸，簡直想都想不到！

那是一九八四年，他們的經濟條件遠不如台灣，他們不知幸福指數為何物，他們自慚形穢得不知何年何月才能趕得上台灣。然而更動人的是，這小小的台灣竟有這麼大的氣度！

中國時報

AUGUST 9 THURSDAY 1984

兩岸球隊齊奏凱歌・一金二銅相互輝映

大陸女排真「金」不怕火煉・直落三痛宰美國

中華棒球隊「再見」全壘打・勝三分氣走南韓

大陸女籃諸將有志一「銅」・以三球小挫加隊

美洲《中時》報導當年奧運的做法，固然令來自台灣的華人感到震撼，其實，受到更強烈震撼的是來自大陸的讀者。

這是不少大陸人親口說出來的心情，這種心情在大陸人之間強烈滾動。他們從美洲《中時》看到了台灣無形的力量，原來對台灣有著說不出口的羨慕，現在更多了一份由衷的尊敬。他們在密切注意，這個無形的力量有沒有政策上的意義？

我們不習慣用「統戰」兩字說事，不過美洲《中時》的做法在爭取大陸讀者的認同上，絕對發生了極大的統戰效益。這個效益不止發生於留在美國的大陸人，也發生在大陸公費生身上。這些回去後將出任公職的人，感受到台灣的氣度，他們開始思考，是否要相對向台灣展現什麼氣度，以期在這一方面有所般配。若是這樣，則兩岸關係是否更早就有突破的可能？雙方的積極性若是受到激發，是否因而可能開展出一條合作的道路？

此外，美洲《中時》因著奧運而緩解大陸的心理障礙，增加大陸的相對好感，是否有助於產生對大陸的影響？日後在兩岸的矛盾上是否比較說得上話，在大陸的施政上是否比較使得上力，以致發生一種海外的輿論功能？

可惜出師未捷身先死，美洲《中時》曇花一現，所有曾經的作為不過是個偶然，原來並不是出自台灣當局政策上的考量，如此則中國大陸便少了需要馬上因應的壓力。由於那個時候大陸的條件差，台灣若要掌握主動，必將獲得較大的利益，既然夭折，大陸自也省了煩惱，當然，台灣也就失去了最好的機會。不僅如此，美洲《中時》之後已無可能，信實的媒體從此不再，至今都還不見哪個海外媒體對母國起到過什麼作用。

從以上兩端，便可看出美洲《中時》的價值所在。一個在眾所關切的議題上通過考驗的媒體，便在公信力上搶到了地位，它有形無形的前景是無可限量的。我身在其中，操持其間，對於美洲《中時》這麼快就達到了這個高度，我自己都不敢相信。

然而這不是任由我們自己想像、自己得意的事，且不說台灣方面有沒有夠大、夠用的胸襟氣度，就連眼前才發生這個樣子的奧運報導，能不能通得過政治肖小的鳥肚雞腸，都還令我們牽腸掛肚。天知道我們苦心經營之局，到頭來會被安上個什麼罪名，心裡總有幾分忐忑。

遺憾的是，美洲《中時》這些精采版面，如今在台北《中國時報》的資料室裡竟一無所有！隨著二〇〇八年的報權轉手，《中時》資料室在舊人不顧、新人不要的情況下，慘遭浩劫！而台灣的國家圖書館亦付闕如。好友趙俊邁為了寫博士論文，把鐵鞋踏到了美國國會圖書館才發現了它，如今刊出的美洲《中時》版面照片，都出自他的提供，特此感謝。

余紀忠被狀告蔣經國
說美洲《中時》「為匪張目」

前後半個月的奧運賽事很快過去，奧運之後，我即刻回到台灣，倒不是因為想急於打探風聲，而是因為簽證逾期，不得不回台補辦簽證。

很多人不知道，奧運期間我是一個不折不扣的非法移民，隨時冒著因非法居留而遭逮捕的風險。奧運前當我發現這個問題時，余先生寧可我逾期居留也不許我遠離職守，囑我以奧運新聞為重，在奧運結束後方得返台。

這時候回到台北，一切出奇地平靜，畢竟相距遙遠，還沒有幾個人知道天底下有了如此驚天動地的奧運報導。台灣報紙的奧運新聞，果然縮手縮腳，顯得行事猥瑣，毫不稱頭。我很低調，沒有四處張揚，只在《時報》老同事面前現現寶，當我把帶去的報紙攤開在他們面前時，個個驚嘆欣羨不已。那時候在台灣，他們是完全不能這麼做的；而美洲《中時》這樣的編報，則是每個新聞人的夢想。

外界還不知情，但是，完全知情的余先生則稱許有加，他對美洲《中時》終於上了軌道非常滿意，尤其讚賞奧運新聞的處理，在與我所有的談話中沒有顯露絲毫擔心。以下姑且說一段故事來反映他的好心情。

有一天余先生約我去家裡用早餐，聊到九點多，要我陪他去高爾夫球場走走。出得門來，天空飄著細雨，便改變主意說：走，我們到北投泡溫泉去！

有沒有聽錯？要我去跟他老人家泡溫泉？難不成我們要一起洗澡？沒有錯，就這樣搭著他的座車直上北投，進了「吟松閣」，這是起自一九三四年的一處日式溫泉旅館，遠近馳名（已在二〇一四年歇業）。余先生說，他常與家人來此休憩。

我獨自待在屋裡，沒見屋裡有池子，不知道該幹嘛。不久，余先生喊我，我循聲見他已泡在一個中型池子裡，他說：「你也下來呀。」原來他真要我與他一起洗澡，這可是從來沒有過的經驗，我非常不自在地聽命入池。泡完溫泉，進到房裡，他已約了兩位盲眼按摩師，他讓其中最好的那位幫我按摩。

之後，他又帶我到中山北路剛開業的老爺大酒店吃大餐，吃完大餐後再送我回旅館，才結束了這天從早餐到午餐六個多小時的相處。自始至終他都顯得非常開心。

那是余先生和我關係最接近的時候，過去在籌備期間，有一回召我從匹茲堡到紐約聚晤，曾同寢一室，相談竟夜。這回關係發展到「袒裎相見」的程度，真不可思議。

兩個年齡相差三十八歲的一老一少談時局，聊公事，也話家常，具體談了什麼，已不復記憶。唯有一事印象深刻，他問我對他的幾個孩子有什麼看法？我不知何來此問，很不好回答。如我所說，我不慣對我沒有考評權的人向老闆說長道短，此時我依舊不想破例。還好，突然間靈光閃過，悠然答曰：「我覺得他們各有其妙。」

我自覺答得巧妙，沒有不答但也沒具體答，細細體會似乎還有那麼點意在言外。余先生或許聽得出來，但沒有追問。他沒有追問，是因為不想知道，還是不想為難我？不知。但非常明顯，那是我所見美洲《中時》開辦以來他最快樂的時候。

為什麼有這麼一個特殊的半日聚？當時沒想太多，大概這是老先生一種別出心裁的「犒賞」吧？我至今沒告訴過誰。現在寫在這裡，不是自吹自得，只是留著和後來的反差做個對比，他此時與後來流露的矛盾心理很是匪夷所思。

八月二十四日我返回紐約，九月五日，接到余先生從台北打來的電話，告訴了我一個非常不好的消息。

余先生在電話另一端說，今天的國民黨中常會上，《中央日報》的曹聖芬董事長首先開砲，《聯合報》的王惕吾董事長接著呼應，直指美洲《中時》的奧運新聞罔顧黨國立場，「為匪張目」，要黨中央密切注意。

這個訊息顯示，黨營的《中央日報》和民營的《聯合報》聯手打擊另一家民營的《中國時報》。也就是說，余紀忠被曹聖芬、王惕吾狀告中國國民黨主席蔣經國，說：美洲《中時》「為匪張目」！

王惕吾和余紀忠是台灣兩大民營報業霸主，因長年的競爭和利益衝突，演變到不相往來、王不見王的地步。台北政治、文化圈有一句流行語刻畫他們的關係最是傳神：「要余老闆和王老闆和好，比國共和談還難！」的確，在他倆棄世前，起碼有三十年沒說過話、沒打過交道，這兩位倔強的老人真做到了老死不相往來。

王惕吾也是《世界日報》的老闆，兩個仇人的戰爭從台灣打到美國，本來《世界日報》在海外華人報界已穩居首席，但自從美洲《中時》尾隨而至，便備受威脅，光景大不如前，奧運以後尤其招架不住。我們絕不能說王惕老在常會公報私仇，我們必須十二萬分恭敬地說，曹、王兩位報老闆純粹因為忠黨愛國，心所謂危，故而不得不向主子剴切進言。

邀請報老闆「入常」，且不以黨的機關報為限，連最大的兩家民營報也一併吸收，是蔣經國在一九七九年底的創舉和傑作，乃一咄咄怪事。當時我是台北《中國時報》的採訪主任，很不以為然，曾傻乎乎地勸余先生迴避，他也一度猶豫，但終究身不由己，還是為黨「捐了軀」，入了常會。現在，同儕刀箭齊發，揮向他來！

他在電話中說，他的心情很沉重，為了黨國利益努力一生，想不到竟受到這樣的汙蔑，很痛心。但轉而告訴我，我們做得沒有錯，要我在第一線不要受影響，繼續做我們該做的事。

我聽後頗受感動，即向他說，需不需要我即刻回台幫他分擔一些向有關方面的說明？他說，暫不需要，他來處理，要我好好工作。

放下電話，我暫且沒有聲張，繼續當天的發稿編報。到了半夜兩三點，也即是幾個小時後，他親筆寫了一信電傳而來，內容如下：

天瑞：這幾天，《中央日報》的〈赤色陷阱〉刊出後，《大華晚報》更是公開要求「肅奸防諜」，這樣的血口噴人，你身當其境必定感慨萬千。但就在這關鍵時刻，我要特別的提醒你們，必須冷靜沉著，堅持立場，萬不可情緒化，也不可灰心喪志。他們的目的在打倒我們，他們的手段是乘間蹈隙，挑撥中傷，無所不用其極。他們就希望不斷刺激我們的情緒，從而達到預想的目的。

因此我們要深深記得，對付冷酷的時代只有堅持一貫的主張：愛自由，愛民主，愛國家，為國為民，無私無欲，始終不渝的，踐行我們的信念，時日之來，必能給海內外國人看透許多陰暗卑劣的用心，和我們清白的操守與堅貞的志向。

投身黨國已達半世紀之久，創辦《中國時報》，亦達三十四年，日夜殫心，鞠躬盡瘁，乃逢此橫逆，夫復何言！然而中夜醒來，偶一想及人生之困頓挫折，之多之繁，如我所經者，亦屬無多。惟其艱困重來，壓力橫生，我必須有勇氣，有定力，才能與邪魔抗衡；必須有骨，有血，萬斤壓力打不破我的信守決心，才能不愧一生。

天瑞、啟成、建新，你們都是時代中的優秀青年，你們都有我的愛，我的信任和期望。希望體念我今日執筆寫信時的心情，自己堅強起來，有勇氣的踏上人生奮鬥的道路。

這是一封至為沉痛的信！信裡一開頭說的，即刻在我腦海裡浮出一個景象。

一九七七年台灣發生過一場鄉土文學論戰，黨國文化隊伍圍剿與黨國文宣政策走不到一起的文學作家，一開始吹起這個號角的，便是彭歌、余光中分別在《聯合報》發表的方塊文章：〈不談人性，何有文學？〉，以及〈狼來了〉。

事隔七年，如出一轍，又是兩篇方塊文章：〈赤色陷阱〉、〈肅奸防諜〉，既血口噴人地認定美洲《中時》「掉進紅色的陷阱」，並極盡追殺能事地要求進行整肅，雖出自不知名姓的幫閒文人，但繼之以兩大報老闆在中央常會大力陳辭，莫非要開展另一次的文化大殺戮嗎？

一九七七年的目標是《中國時報》，這次的目標還是《中國時報》。當時是人間副刊，迫使人間人改組；這次明顯衝著美洲《中時》而來，指的是奧運新聞，誰知道是否會演變為對美洲《中時》甚至對台北中時總清算！這是余紀忠心中深沉的憂慮與浩歎。

事情是不是會發展到那一步不知道，但在這個已是極度困頓的時刻，余先生倒是展現了一個報人不屈不撓的心志。他確實表達了對信念的堅持，也確實表現了對美洲《中時》一切的承擔，對我、對同仁無一字之指責，反而顯露著有如慷慨悲歌、臨終託付一般的壯烈情懷。

西哲蘇格拉底受死前囑咐學生說：「今後你們要像以前一樣，按照你們所知最善的方式去生活。」余先生在信中交代他的兩個兒子與我：「堅強起來，有勇氣的踏上人牛奮鬥的道路。」簡約而言，「堅持信念，勇敢前行」，就是他所認為「最善的方式」，也是他一生最有價值、最正確的選擇。

這封信也充分剖白了他自己，在後來的日子裡，每念及此，縱使聽到對他再多的批評，縱使對他有萬般的不能諒解，我終無法選擇與他決裂，並常懷著發自內心的愧疚。

他並沒有召我回台，但我給他寫了一份參考材料，足足有四千字之多，詳細敘述了奧運新聞的背景和處理實例。間隔了一個星期，九月十九日，他向常會提了報告，述說了他的辦報心情，澄清了一些外界的誤傳，說明了奧運新聞的處理原則……。

這自然是一次有準備的報告，他或許希望蔣經國聽完之後，給他一些類似慰勉的話語，以解開心頭的鬱結。不過，他失望了，蔣經國儘管沒有隨著曹、王的音樂起舞，卻原則性地指示文宣部門今後對於「海外文化隊伍」要有所關切，甚至要有所整理。美洲《中時》什麼時候成了國民黨的「海外文化隊伍」？余紀忠的心情更加不平靜了。

余先生一生追隨國民黨，內心不會不願做國民黨的「文化隊伍」，為黨所用，否則怎麼會甘冒天下之大不韙，以報人之身去當什麼中常委呢？但出錢出力，走南闖北，總還有個更高遠的想法，若只被收納在隊伍裡，小有定見，便不由分說遭人編派、玷汙，那是何等的羞辱！何等的不堪！

蔣經國指示文宣單位「整理海外文化隊伍」，雖然是表達對海外文宣的重視，也是泛指黨政機構的各種力量，固不能解釋為特指美洲《中時》，但聽在余的耳朵裡，他感覺得到，這位他唯一在意的人對他是有意見的。這個感覺會使他產生情緒，甚至會影響他的判斷和決定，也極可能是後來他關報的種因。

而我也看明白了，台北那個小朝廷裡果然沒有嶔奇磊落、胸懷恢弘之輩，恐怕終究要自陷漩渦而無法自拔。

還沒等到有機會和余先生為此交流心情，九月二十五日晚上十點，余先生突然出現在紐約編輯部。屋漏偏逢連夜雨，社論出事了！

《中時》對宋楚瑜還真是厚道大度

一九八四年九月二十五日余紀忠突然出現在紐約編輯部，但不是為受到黨內批判的奧運新聞而來，是為美洲《中時》一篇批評雷根總統的社論而來。

那一年，正是美國雷根總統競選連任，美洲《中時》自是以重要新聞加以看待，九月二十一日總主筆交下一篇由孫慶餘主筆撰稿的社論，因孫素來並非親國府人士，我略加留意，發現這篇社論對雷根有些批評，且並無新意，乃商之於總主筆，但旋為尊重其職權而照發。

老實說，在美國這個民主國家，批評總統是有如家常便飯的事，就好像台灣現在一樣，媒體幾乎無日無之。而我們這種少數民族報紙上的批評，倘使不過拾人牙慧，並無多少見地，要說會獲得多大反響，幾乎有如天方夜譚。奇特的是，這篇社論才一刊出，台北的電話就來了。

據《中國時報》發行人儲京之先生說，國民黨文工會主任宋楚瑜與他通電，要他轉告余紀忠：「美國政府對這篇社論非常不滿，恐將影響中（台）美關係與對台軍售！」並要余紀老即刻赴美「處理」。

這篇社論才登出來，美國政府馬上看見？馬上光火？馬上要駐美代表錢復向台北反映？並明白表示將影響雙方關係及對台軍售？

是嗎？美洲《中時》的影響力何時竟達到國際上的這等高度！台美關係何時竟緊密到臻於如此的熱線程度！國與國之間的往來怎地竟好似市井小民相互幹譙般地到這個地步！

余先生是真的緊張了

這究竟是美國政府的反應，還是台灣駐美代表處的反應？究竟是台灣在美工作人員的反應，還是華裔共和黨部那些在台美兩頭逢迎的人的反應？或，根本又是某些別具用心的人投台北所好，見縫插針，借題加碼坑陷美洲《中時》？都有待深究。

但余先生是真的緊張了，整個變了一個人。聽了儲京之的轉達，他即刻上了飛機，在西岸稍事停留，便不告而至，拉了陳裕清先生，出現在紐約編輯部。

進了會議室，他神色黯然、聲音低沉，告訴大家：「奧運新聞雖然受到批評，但我們沒有做錯，我應該承擔。可是這篇社論，對國家的影響太大了，我無話可說、辯無可辯！」

在這個前後只有三分鐘的會議裡，他交代不可再批評雷根，並要另開紙上座談給予肯定以為平衡，孫主筆不待通告即刻停稿。最後說，接下來的日子他必須為此善後，以免傷及台美關係和影響對台軍售。我猜充其量也就是跟華裔共和黨部那幫人說說好話吧，畢竟火是這些幫雷根助選的人點起來的。不過看得出來，他真的非常當回事，他甚至的確很擔心雷根會因此而落選。

第二天下午，在他單獨與總主筆談話後，總主筆被解了職。如前所說，社論權交回陳裕清等具有黨政背景的人之手，有如蹺蹺板一般。整個情勢我看在眼裡，知道故事又要重演了。在追隨余先生過往的經驗裡，當政治氛圍寬鬆的時候，我可以大有發揮；當它收緊的時候，我要準備退場了。但這時候我若主動表示，是試探？是將軍？是逼宮？是落跑？都不好。

一月之差　有如天淵

我還有著說不出的彆扭。記得那段「金山夜談」嗎？那一夜，余命我去紐約接總編輯，余啟成追問社論誰決，余的拍板是，尊重正常體制，由總主筆決定。如今，社論出了問題，我該不該向他表示抱歉？表示，顯得矯情，不表示，顯得不夠意思。關鍵是，我並不認為那篇社論值得那麼大驚小怪，值得鬧那麼大；而我即使要表示抱歉，也要順其自然，非為討好，同時還要說出心裡的話。

我沒去找他，他也不像以前老找人開會，出入顯得前所未有的異常隱祕，可能真如他說為了善後，在外跑動。有個幾次找我，不知是否天意，偏巧沒找到，見了面又礙於別人在場不好說。總之，這陣子辦公室空氣很冷，余先生與我之間的溫度也很冷。一個月之差，有如天淵。

我在記事本上寫著：

近日之事覺得心涼，興味跌到冰點了矣，我報前途堪憂。

巧合還是命定？「奧運新聞為匪張目」、「批評雷根禍害台灣」，接連兩個對美洲《中時》的指控，都恰恰發生在宋楚瑜接手國民黨的文宣工作以後。

自從去年王昇垮台，劉少康辦公室解體，手操文化生殺大權、接班管制媒體的就是宋楚瑜。他因侍從蔣經國得力而出任新聞局長，與另一位同樣出身侍從的文工會主任周應龍，互為股肱，是蔣經國掌控文化與媒體的左右護法。而由於宋楚瑜較為強勢，擅於對外肆應，人氣也比較旺，因此不管他當的是哪個官，早就是蔣經國身邊對文化界呼風喚雨的人。

這等文化大總管對美洲《中時》最關緊要的權力就是外匯放行，美洲《中時》的辦報費用在中央銀行結匯前，必須由行政上的主管機關新聞局及黨務上的監管單位文工會核准。

權牢牢掌握在宋楚瑜手上

錢是《中國時報》的，放不放出去的權卻牢牢掌握在宋楚瑜、周應龍這兩個文化大總管手上，更準確地說在宋楚瑜手上，特別在這年八月八日他當了文工會主任之後。

一直以來這就是卡住《中時》脖子的利器。他既可要挾美洲《中時》必須配合政策，亦可控制在台灣的《中國時報》和《時報雜誌》不得「越軌」，這當中少不了囉嗦、刁難、拖延，讓你《中國時報》嘗盡苦頭。比如，寬鬆一點，他可以要求你半年一結匯，但也可以縮緊，要求你三個月一結匯，甚至一個月一結匯。節奏的改變，讓你著急、揣摩、心生恐慌。再比如，他可以由中層人員送件就行，也可以要高層人員前去答話，還可以要你大老闆親自到場掛保證、說好話。層次的升高，讓你折節曲從，仰望求告。

隨著指控的無限上綱，結匯的間距縮短、頻次增加，是顯而易見的結果，而本來由發行人洽辦的事，後來往往要余紀忠以董事長之尊親自跑上好幾趟，甚至面報蔣經國，否則遲遲不放行，美洲《中時》便有斷炊之虞。那時候，美洲《中時》隨著報份的增長，發行和廣告收入都有改觀，但為了跟上時代的趨勢，正積極準備電腦化以及在舊金山籌設工廠，仍有不小的財務負擔需要母報支應，靠的就是結匯。

坦白說，不管宋楚瑜承不承認對《中時》耍弄過什麼骯髒手法，有關他這方面的傳言在《中時》內部是甚囂塵上的，諸如刁難外匯、出言恫嚇、逼迫換人，可說五花八門，無以復加，給予美洲《中時》的人極壞的印象。但後來在他政治生涯需要支持時，未聞《中時》體系的人對他施加過報復，說來《中時》對他還真是厚道大度。

是巧是不巧？曹聖芬、王惕吾、宋楚瑜、周應龍這幾位「卡余」的人都是侍從出身。曹、王分別當過蔣介石的文武侍從，宋、周則是蔣經國的祕書，他們最大的特色就是唯主子之命是從，凡是涉及主子的權力、名譽與安全的，必然謹小慎微，崇尚保守穩當，而不做理性思辨。

就拿美洲《中時》的奧運報導來說，怎麼單單用「為匪張目」四個字就能為它定位？美洲《中時》究竟為什麼要這麼做？有什麼現實環境上的道理？各種方面的反應是什麼？這麼做有什麼對國府的利多？有什麼長遠的影響？今後遇到類似的情況是否要改變做法？如果下手打壓美洲《中時》，國府會得到什麼？會失去什麼？難道都不需要當個問題深入解析？

報紙會不會關掉

文化大總管不但沒有向美洲《中時》取經，也沒有因美洲《中時》而激發思考，反倒讓他們的主子做了一個愚蠢的裁示，叫他們去整理整理海外文化隊伍，豈不是可笑之至？不過，時隔三十四年，這種文不對題的事，這種鴕鳥般的心態，換了黨換了人還在發生，是不是要嘆一聲三十四倍的可笑！

余先生連續在紐約待了十二天，每個人都感到有如寒流來襲，在這樣的環境下工作，人會得精神病，我私下聽得見工作夥伴們抱怨連連，這樣下去不是辦法。因此在余先生離開東岸後，我邀集了大約十位主要同仁在中城的山王飯店餐敘，想為這段時期的空汙消消毒。

我很誠懇地說，我知道近來氣氛不好，大家心情也不好，請每個人盡情宣洩，有話直說，不要有任何保留、任何顧慮。

才一說完，就像水庫洩洪一樣，一個個把憋了許久的一肚子話一古腦兒傾吐而出。比如，現在每天不知道怎麼落筆啦，怎麼下標啦，深怕動輒得咎啦，這個報紙要怎麼辦下去啦，這樣的日子還要過多久啦，今後報紙是不是要大轉向啦，對讀者要怎麼交代啦，余老闆挺不挺得住啦，報紙會不會關掉啦……。

林林總總，這都是預期的結果，具體反映了大家的徬徨和危機感，一場奧運的輝煌戰役打下來，這批英雄豪傑如今卻像似鬥敗的公雞！

我表示了和他們同樣的心情，也指出了報社的確遭到政治力的打壓，因此這個時候政治的新聞勢必要做些收縮，等待風頭過了再說。但是，新聞不止是政治，也不是只有政治新聞才是新聞，我們能不能多找些政治新聞以外的新聞，使它也處理得很好，讓報紙一樣好看，讓讀者不覺美洲《中時》有什麼改變，還是一份用心的報紙。這樣是不是比較好？

感謝上帝，這番話大家聽得進去，心情也平靜了，於是便轉而開始聊起其他的新聞點子了。

就這樣，吃過了飯，眾家好漢一起高高興興同去報社上班了。看得出來，大夥兒又有了精神。

但是，造化弄人。一進到辦公室，一個特大號的政治新聞赫然在目：

江南被殺！

江南案似為關報提供了必然

一九八四年十月十五日走進編輯部，即刻獲知江南被殺。由舊金山發來的這則新聞，報導了當天早上九點多，江南在大理市自宅被人連開三槍斃命。

江南，本名劉宜良。我來美後曾讀過他寫的《蔣經國傳》，不覺為嚴謹權威之作。幾個月前他來到紐約，他的好友設宴接待，我受邀同席，得緣相識，然無心儀之感。他長我十五歲，性情豪爽，說話很多，卻無從令人信服；雖不宜遽斷是無行文人，但不自覺會想與他保持距離。

當時有關他的傳聞就不少：他是蔣經國政工幹校的學生，來美後原想以寫《蔣經國傳》拿博士學位，後來迫於生計沒有如願，卻用了那些未經查證的材料鬻文為生，國府派人勸他修改或打消出版，他要了錢卻食言。不止如此，他還打算寫《龍雲傳》、《吳國楨傳》，甚至《宋美齡傳》，據說都會涉及對蔣家形象的傷害。另一個對他更不好的說法是指他拿台灣、大陸、美國三方面的錢提供情報，是所謂「三面間諜」。總之，他是一個相當受爭議的人。

這些訊息若不知道，那麼他的死充其量就是個普通的社會新聞。偏偏只要在美國華人文化圈稍有涉足的人，對他的種切都早有聽聞；不過，喜不喜歡他是一回事，再怎麼樣都不能殺人。人命關天，不是兒戲，這個謀殺案令人嗅得到蹊蹺，就更不能等閒視之了。

在當天警方的處理過程中，因作案者逃逸無蹤，沒有掌握到任何有關凶手的蛛絲馬跡，無從做出研判，也沒有任何這方面的訊息。

這個新聞自然使人心生一問：誰要殺他？既是三面諜，三個方面都有可能。但未聞大陸或美方有誰受害於他，明顯不喜歡他而且與他有嫌隙的是台灣，甚至是蔣家。這個新聞明天一見報，必定眾口一辭交相論定：國民黨幹的政治謀殺！連此刻的美洲《中時》編輯部也幾乎人人都抱持這個看法。

這是一個相當不利於台灣方面的特大號政治新聞！

但江南要寫的其他傳記多半是與上一代蔣家有關的事，於當時的蔣家政權毫無影響，即或《蔣經國傳》跟這一代有關，蔣經國在台主政已是大權在握，統治基礎穩固得很，聲望正隆，任憑江南怎麼醜化他，也不會傷他半根汗毛，蔣有必要大動干戈派人到美國來殺這麼個無足輕重的文人嗎？如果真的這麼做，那也真笨得可以！

但看來看去，的確還像是有這個可能，糊塗情報員幹糊塗事，古今中外多得是。何況情報員若又出身侍從，護主心切，揣摩成性。果真如此，台灣可要倒大楣了。

我才剛剛和同仁們說，此時此刻政治新聞要收縮一下，但不偏不倚地來了這麼一個古怪的政治新聞，能說不是造化弄人？

怎麼處理？

我一邊照常進行當天其他新聞的核發稿，一邊在腦海裡琢磨著怎麼處理這個新聞。余先生如果在場，早就意見一堆了，但是他已離開紐約，因行跡隱密，沒告知去向，無從請示。身邊同仁不少，找幾位一起商量，把責任分出去，一推二六五，再簡單不過，不必我傷腦筋，但我沒這麼做。

我沒這麼做，是為要獨自攬功嗎？其實，這件事明擺的是，「有功無賞，打破要賠」，有何功可攬？推出去都來不及，哪有獨攬之裡？

我隱約意識到，這個新聞除非做到完全的淡化，否則不論怎麼處理都討不了好；而完全的淡化，肯定不會是余先生所指望於美洲《中時》的模樣。這個時候如果硬要找到他請示，就是要他負責；如果召人共商，就是把重大責任轉嫁給同仁。都叫「推卸」。況且，哪怕討論得再多，終究還必須由總編輯思慮清楚之後做出決定。

因此它不是一個要不要討論的問題，而是一個總編輯要不要承擔的問題。換句話說，我必須自己想，該怎麼做才不會讓余先生即刻遭難，又不會辱沒了他辦報的盛名，這是我做為他的老部屬又是此刻當職的總編輯，要扛起責任的時候！

想到這裡，我逐漸把起伏不定的心情平靜下來，回到正常新聞處理的狀態。

通常當重大新聞發生的時候，除了主新聞之外，必會配以反應新聞。反應新聞不外乎訪問相關的專家或熟悉當事人的朋友。在江南這個新聞裡除辦案人以外別無專家，而辦案人能說的都已在新聞之中，那就只能問問死者的生前好友有什麼看法。我也的確需要透過他的朋友，了解報社編輯部以外的看法，以相互印證。

於是我請紐約的採訪主任胡鴻仁採訪江南的至交陸鏗，並請洛杉磯的總編輯卜大中訪問阮大方，阮大方是刊登《蔣經國傳》的《加州論壇報》總編輯。為了存真，我請胡、卜不要過濾，以原汁原味寫過來，我看過後再決定如何處理。

很快地稿子分別都發來了，一如預期，陸、阮二人不約而同地認定是國民黨派人幹的政治謀殺，並同聲譴責，措詞毫不客氣。

照今天的新聞處理方式，或海外當時一般報紙的處理方式，這是多好的新聞素材，哪管嚴不嚴謹，肯定二話不說，將這兩則各有一千多字的訪問稿一字不漏地刊登出來，必有人喜歡看。

我再怎麼冒失大膽，也不能如此恣意行事，何況他們兩位的推斷並沒有提供任何證據。

但我並不將之捨棄，我仔細看完兩稿後，親自改寫為大約四、五百字的背景稿，保留了他們對江南這個人的了解，把其中所有指涉「國民黨幹的政治謀殺」的說法全部刪了個乾淨。

重點在，陸鏗推論江南與人無錢財瓜葛，所以不是財殺；他對女色不感興趣，所以也不是情殺。接著就論斷為「必是國民黨幹的政治謀殺」。

我刪掉了這個推斷的結論，但留下了推斷的前提，即「不是財殺」，「不是情殺」。

意思是，我把他們的「論斷法」改為「排除法」：不是情殺，不是財殺。至於是什麼殺？不表。若問，既如此，豈不就明指為政治謀殺？但我們沒說，更沒說是國民黨所為。

我承認，這是一個「葉底藏花」兩面光的做法：如果不是國民黨所為，我們沒錯，因為全文無此一詞。如果確為國民黨所為，我們也沒錯，因為文中埋有伏筆。

這是沒辦法的事，畢竟可靠的資訊不足夠。而在那個當下，一方面要因應眼前十分嚴峻的政治環境，一方面又要能對新聞的專業立場與明日的歷史評價，有個起碼的交代。

我也承認，在這個節骨眼上還要去想什麼專業，什麼歷史，什麼交代，真是不知死活！

不過我也沒有偉大到這麼不知死活，從下面的思考裡就看得出來。

接下來的關鍵決定是，它要登在第幾版？登多大？

左思右想，還是要回到我們是華文報紙這個基本屬性上，當華人人權受害，華人當選州長，華人榮膺環球小姐，華人奪得奧運金牌……，我們從來都以頭版頭題刊出，不因它們是否為好消息，乃因它們應當在華人世界裡受到重視。而今一個有爭議性的華人作家遭人侵入家宅槍殺斃命，死因離奇，後續新聞必然發展不斷，不是小事。怎麼能不放在頭版？又怎麼能不置於頭條？

話雖如此，在台北這麼注意到美洲《中時》的時候，我還是不免要想到對台北的說法。

我以職業慣性與經驗法則判斷，這個新聞明天各報一定放在頭版頭條。但與我們同樣從台灣來的《世界日報》，極可能只登在第三版，大不了放在第三版的上半版，至於標題可能為三欄或最多四欄高。

如果美洲《中時》也以類似於《世界日報》的方式見報，海外肯定眾口一詞：各報都是一版頭條，唯獨兩家國民黨中常委辦的報紙登得一模一樣，必是心虛，必是受到台北關照，這等於公告周知：就是國民黨幹的政治謀殺！

如果美洲《中時》的登法與《世界日報》明顯不同，以上的說法不僅不能完全成立，還可恰為反證：不會是國民黨幹的吧，不然美洲《中時》怎麼敢登在頭版頭題？

這個區別，在案情真相人白之前，或可使國民黨免於承受最大的責難，或可供國府在一段時間裡做為擋箭牌。

正因為有這樣的想法和說法，於是做法就很清楚了：當然放一版頭題！

然後，主新聞標題是這樣的：

作家江南自宅遇刺殞命

兩歹徒持槍行兇事後騎腳踏車逃逸

變生肘腋其妻未及辨識是否為華人

次新聞標題是這樣的：

驚聞噩耗文友咸表震悼
陸鏗認為不可能死於財殺或情殺
阮大方痛憶當年為高準奔走往事

現在來看這個新聞的處理和標題，簡直保守含蓄到不行，但當時卻被認為是促使美洲《中時》關報的臨門一腳！也是在美洲《中時》關報後周天瑞被指為罪魁禍首的重大罪證！

第二天，余先生來了電話，別的沒說，只嘟噥了一句：「你怎麼放在第一版呢！」我正待說明，就被打斷：「以後別放第一版了！」基本不會，因為事發的第一天最重要，那是一個態度。

但是第二天我依著昨天放在第一版的邏輯，請同仁訪問了幾位傳播學者，對海外除《世界日報》及美洲《中時》以外一面倒指涉為國民黨所為的報導，提出商榷。我不是想做什麼彌補，因為的確那時候做那種論斷式的報導，並不相宜。而正因為我們在第一天以頭版頭條處理了這個新聞，我們才能為此做些辨正。至於這麼做，是不是會被不滿我們的人買單，就不是我們所能計及的了。

從余紀忠後來關報來看，台北方面顯然不買單，「美洲《中時》認為江南案是國民黨幹的政治謀殺」，便成了繼「奧運新聞為匪張目」、「批評雷根，禍害台灣」之後第三個罪名。於是乎，美洲《中時》的自我了斷，無異自承，一犯，再犯，三犯，什麼解釋的機會都沒有，什麼解釋也都沒必要了。我在新聞處理過程中所有的設想，都白費了工夫。

因此，這件事便好似為關報提供了必然，後來在有關方面追問「為何關報？」這個問題時，老闆答曰，「台北鞭長莫及，編輯部難以控制」，便成了標準答案，以我為代罪羔羊，掩飾了骨子裡對台北當局的不滿。在同仁對報社關報有所怨懟時，「都怪周天瑞搞垮了報紙！」也成了非常簡便好用的說辭，轉移掉同仁對余家強烈的悲憤情緒。指的都是我對江南案新聞的處理。

美洲《中時》於十一月十一日關報，兩個月後，一九八五年一月十三日，情報局長汪希苓等三名國府情報官員，因指使竹聯幫幫主陳啟禮等刺殺江南被捕，證實江南案確為國民黨幹的政治謀殺。美洲《中時》沒有錯，周天瑞也沒有錯，但是美洲《中時》已經消失了。

江南案使國府受到重挫，保守勢力大跌，導致蔣經國不得不走向政治改革，從此言論尺度大開，再也沒有人可以刁難美洲《中時》，也沒有人可以加諸它莫須有的罪名了，然而美洲《中時》已經溘然長逝。

只要再撐兩個月，美洲《中時》就可輕舟走過萬重山，從此一無險阻，究竟為什麼它要那麼急著關？

張安樂誣陷蔣孝武　卻一報還一報

說來江南案還真是糊塗情報員幹的糊塗事。

一個素來稱得上優秀的情報員汪希苓，在出任情報局長後，有感於江南這種背叛主子與黨國的人，應以情治單位二十多年沒有用過的「家法」加以制裁；又察覺竹聯幫的出身背景與黨國意識相合，而其在掃黑勢頭下有尋得當道者保護之迫切需要。便異想天開地認為，若將兩者巧妙結合——吸收竹聯幫分子來制裁叛徒，豈非一舉兩得、互利雙贏之美事？

於是僅僅通過一個極其短期而陽春的訓練，便將陳啟禮等人開赴戰場。且因事屬隱密，並未取得情治相關單位內部之共識共知，恐怕連該有的周密計畫及嚴謹程序都告闕如，就付諸實施。

畢竟因訓練不夠，使命承擔的決心不足，在事發後見各方反應強烈，唯恐遭致滅口，作案者便源源本本留下完整錄音，敘述全部原委，連同後來在「一清」掃黑中獲搜之記事本，一概成了情報局授意行事之鐵證。

如此，情報局苦心孤詣派出「鋤奸」的殺手，卻在國安局主持的「一清專案」中首遭逮捕，該專案竟似為偵破江南案而布置，使江南案的偵破染上了情治單位內鬥的色彩。

那時候「到我為止」四個字代表了「我負全責，絕不牽拖」的承擔，不過陳啟禮「到我為止」的承諾成了誑語，以致抖出了情報局；而汪希苓「到我為止」的態度，的確至少絕口不再提曾向國安局長汪敬煦做過報告這件事，表現了擔當，有意降低對政府之損害。但「政府殺人」這個惡名，中華民國政府還是徹底揹上了身，推都推不掉。

有人很想上綱到蔣經國，「希望」是由他下的命令，只是並沒有這樣的證據。

相反地，九五年，郝柏村在《郝總長日記中的經國先生晚年》裡記載，蔣經國跟他說，「罵我的人很多，由他去罵好了……。」感慨「刺江」是件蠢事。九八年，李煥也在《追隨半世紀——李煥與經國先生》中記載，蔣經國跟他說，「怎麼會發生這種事情！無聊！他寫本書罵我，有什麼關係呢？」

儘管這兩位蔣經國的文武近臣，都為蔣和江南案的關係做了見證式的撇清，總有人還是不相信。不過如我最初的判斷，江南的書傷不到蔣的半根汗毛，護主心切的人固有殺他的動機，但要說蔣下令派出殺手置他於死地，除非他精神有病。

可是蔣孝武卻被咬上。江南案發生後不久，竹聯幫要角張安樂（白狼）指稱蔣孝武涉案，言之鑿鑿。在當初形勢混沌、什麼傳言都寧可信其有的時候，這個說法確具相當的傳播效益，逼得蔣經國把蔣孝武外放到新加坡，讓他去跟胡忻代表見習如何辦外交；還信誓旦旦地表示，絕不會有蔣家第三代接班這回事，至此才使各方相信了蔣家王朝終將終結。

直到九五年張安樂回到台灣，知名傳記作家汪士淳在台北看守所訪問他，他坦白承認，「當年把蔣孝武扯進江南案，只是『圍魏救趙』策略，以試圖援救陳啟禮而已。」二〇一三年他接受三立電視《新台灣加油》節目訪問時也重複斯言，並說，他完全沒有證據。蔣孝武總算昭了雪。

我在八七年《新新聞》創刊後不久，曾有一次利用蔣孝武從新加坡回國述職的機會，單獨在他落腳的仁愛路辦公室見過他。我們是以老朋友的關係見面，約定不做採訪，也不報導。

在那次的見面中，我當然問了他有關江南案的事，他明明白白告訴我他與江南案完全無關。他說，哪怕張安樂有十捲錄音帶，都不會扯到他涉案，完全是胡說。

他一再表示絕對不要我為他澄清，他早就習慣了各方面對他的誤會和指責。他是蔣家人，有蔣家人的骨氣。他說，打落牙齒和血吞，算不得什麼，真相總會大白，不到時候，怎麼解釋都沒有用，不必求著誰相信。

這次見他更顯沉穩，也更透露出他身為蔣家人的無奈。外界不了解，他的眉宇和神韻間有著祖輩的傲然，同時還掩映著他個人獨有的幽怨之色，他顯得很虛無淡定，頗令人感覺到學佛似學得了一些修為。

自八〇年出國後，這是我們第一次見面，但在那之前，我們有過將近六年類似君子之交般的交往。

初識之時，我尚是國會記者，他託人找我希望與我認識。去到他當時在欣欣傳播公司的辦公室，一坐定，就開門見山問我外界對他有什麼批評。

我一向願說實話，看他態度很是真誠，而且要我揀不好的說，於是顧不得初見的禮貌和生分，把我自己對他的感受以假託於人的語式坦率說了三點：

1. 大家認為他長在深宮，不接地氣，不了解民情民瘼，與大眾頗多距離。
2. 大家時常聽聞他與知名影視藝人的名字連在一起，頗影響形象。
3. 大家非常不希望會有蔣家第三代接班這種事。

他仔細聽完，無絲毫不悅不安之色，並一一做了些說明：

他從德國回來後這幾年，時常下鄉，最快樂的事就是在鄉下和老百姓話家常，其實他是接地氣的。

他知道有人常把某些名女人的名字跟蔣家公子連在一起，但「蔣公子」不止他一個，也不止他這一代，卻往往都算在他頭上，由他概括承受了。

至於蔣家第三代接班云云，他答得比較簡單，只說相信他父親會有全盤考量。

臨別，他很誠懇地向我提了一個要求，希望不時給他寫些輿情，我說我是不打小報告的。他說不要小報告，而是報紙上不好發表的消息和想法，他可以直接交給父親，讓蔣經國知道。

那年代，報上不好發表的東西可不少，我們跑政治新聞的尤其有一堆禁忌。看得多、想得多，往往卻不能寫，寫了也登不出來；或者七轉八彎用曲筆寫了，好不容易見報了，卻言不盡意。都教人憋得難受。所以孝武的這個要求，可以補當時新聞工作之不足，我倒樂於行事。

果然不假，經由這個途徑表達的東西，的確直通蔣經國，並知道他是一個希望聽到意見以及接納意見的領導人，我清楚感受到言論對政策發生的影響，也體會到新聞工作者與國家領導人心念之間的流動。這方面以後有機會再說，這裡就按下不表了。

正因這個原故，孝武不時會找我聊聊。記得有一回他挨了父親好大的罵，我以「誰不挨父親的罵？」安慰他之餘，要他找個像國學大師錢穆這樣的人當老師，好比他的父親以吳稚暉為師一般。我也建議他莫從商莫從政，否則必遭運用特權、與民爭利的罵名，不妨朝社會福利方面的工作發展，倒可以合理恰當地運用特權關係，造福於人。

我觀察他得自祖父蔣介石的遺傳似乎比較多，脾氣硬，孤傲，人緣不如孝勇，容易遭人誤會和疏遠。他常與我說，尤其令他困擾的是，想與他接近的人，多是與官邸有關係或淵源的人，多半都要利用他，拿他做幌子四處使詐，他都知道，不曉得怎麼逃避，然而他有心結交的人卻往往躲著他。他有意無意地告訴我，父親要他多交些像我這樣的好朋友。

不過我因從事新聞工作的關係，對誰都不能走得太近，尤不能予人別有所圖之感，所以始終以還能保持觀察距離的方式審慎地與他行君子之交。

八〇年後我遠走美國，又開辦報紙，想把美洲《中時》辦成一張好的報紙，得以正常的方式發揮輿論功能，便未再寫輿情信，只在過年的時候寄寄賀年卡了。

江南案發生後，誠如張安樂自剖，他為了援救陳啟禮，故意編派了蔣孝武為主謀之說。倘使美洲《中時》沒有關報，我相信因我們的這段淵源，孝武在八七年說的話，八五年就可以對我說，在那個風頭上是必須要報導的。

以美洲《中時》已經樹立的信實形象，即便是為蔣孝武這種身分的人澄清謠傳，又有什麼不可以呢？報紙不就是要建立在事實基礎上的嗎？報紙辛辛苦苦建立的公信力，不就是要為任何人止冤解謗的嗎？哪裡分什麼貧富貴賤呢？有規定小民不可以受冤枉，大人物就可以含冤莫白嗎？

或有人會說，張安樂的憑空指控固是不妥，然頗有助於蔣家王朝的終結，倒也挺好；否則，台灣的民主化說不定還要好費一番周折。

其實，國府殺了江南，就已經意外注定了威權時代的結束，江南也算是死有重於泰山了。難道一條命不夠，還要陪上一個誣陷？難道不誣陷蔣孝武，蔣經國果然就能傳位於他，台灣就會任由蔣家第三代接班？若要這麼認為，也未免太低估了台灣已經成形的民主氣候，以及太糟蹋了蔣經國在民主改革上的體認。台灣之走出蔣家王朝豈須以誣陷蔣孝武殺江南為代價？如此得來的民主，又有什麼了不起！

天下事真是一報還一報，張安樂誣陷了蔣孝武，他卻也被美國聯邦調查局設計入罪，進了美國大牢。

在陳啟禮因一清專案遭到逮捕之後，起初有關情報局涉案的情節尚不為外界所知，張安樂便向媒體透露陳啟禮在美曾留下錄音帶，其中有各種內情。由於美國聯邦調查局始終關切江南案，張安樂的積極行動使聯調局注意到他，也因而注意到竹聯幫。

當時來自大陸、台灣、香港、越南各地的青年幫派活動日益猖獗，美國社會對這類有組織的犯罪非常恨惡，正透過國會立法加以整治，於是便經由幹員以偽裝的身分與張安樂接觸，用誘人入罪的方式設下圈套將張安樂逮捕入獄，其後被以「走私海洛因」罪名判處十五年徒刑，在美國好幾個監獄前後度過十年牢獄歲月。

不論竹聯幫或張安樂過去在台灣如何，若要在美國有所處置，必須在美國有具體的犯罪事實，且應以正當的方式取證。聯調局對張安樂的用計，大有可商榷的餘地。因其事關人權，華文報紙理應強力聲援；但華文報紙對這件事的反應顯得有氣無力，甚至欠缺認知，或因其為黑幫而多所躊躇。

美洲《中時》的態度應該是，不問黑幫，只問是非，縱不致有如聲援陳果仁案那樣搞得喧天價響，也一定會緊盯每個司法環節，做媒體該做的事，說不定在司法裁量時會影響不同的拿捏。可惜美洲《中時》已經關報了約莫兩個月，絲毫發揮不了作用。

美洲《中時》的關報，既無以為蔣孝武解冤，也不得為張安樂之被設計入罪有所作為，使這兩個因江南案衍生出來的情節，失去了及時還原的機會。由此益證，有沒有報紙，差很多；有沒有好的報紙，差更多！

給表哥章孝嚴的信沒寄出　我錯了

在經過幾件別人嚇自己，加上一些不無自己嚇自己成分的事情以後，余紀忠身上透發著一股前所未有的神祕氣息。

自從九月底他來到紐約，就時常神龍見首不見尾，但見Albert（余建新）與他形影不離。余即便在紐約，若不在報社，Albert 也跟著神隱；他若離開紐約，Albert 也往往隨行而去。這個情形以往並不多見。

十月十八日晚上正當準備編報的時候，難得看到了 Albert 出現，他神清氣爽地過來拍著我的肩膀說：「天瑞，好嗎？」我起身相迎：「坦白講，不好。」

我抓住機會向他表示，這些時候同仁們被低氣壓都壓得快喘不過氣來，總覺得報社還會發生什麼事，我也覺得好像你們在計畫著什麼。但，能不能在還沒有發生什麼事以前，拜託盡量在表面上讓一切顯得如常，就像你剛才跟我打招呼那樣，免得大家的工作情緒太受影響。

他聽了之後拉著我到印刷廠去，那時候印刷廠還沒人上工，比較方便說話。（這個舉止就是標準的神祕兮兮，夠讓瞥見的人猜想半天。）

他把這段時間在余先生身邊感受到的內外情況，大概透露了一些，聽起來似乎余先生不大扛得住來自台北的壓力。

我追問，怎麼辦？會怎麼樣？難道會……，「關報」兩個字還沒出口，他又拉著我到對街經理部他總經理的辦公室去，那裡的同仁都已下班，更是安靜。（任何人見了，必覺得又是個神祕兮兮。）

他說：「我跟你講一件事，這是爸爸不許我講的，你絕不能對任何人講，包括曼玲嫂。」我說我是知道輕重並信守承諾的人。

於是他便告訴了我要關報的消息。同時，他還告訴了我另一個消息，那就是他將於明春返台接任《中國時報》發行人，意思是，他已排除困難，準備要當《時報》的接班人了。

我先恭喜了他。

但對於關報一事我即刻反應：「必須到這個地步嗎？不能先把我這個總編輯開革掉，以觀後效嗎？何必關報呢？」

他說：「這麼做對你不公平。」

我說：「可是把報紙關了，對誰公平？」

接著我說了一些不宜關報的理由，希望他當作他的意見告訴他爸爸。

不過顯然他的重點在第二個消息上。他說，這兩件事互有關聯，能否接班端在關報的消息能否徹底保密。意思是，如果消息外漏，關不了報；關不了報，他回不了台北；回不了台北，便接不了班。他一再希望我不要害他接不了班，絕對不能對任何人透露關報的消息。

我的信守承諾成了我好大的負擔，首先使我不好主動去找余先生談，免得 Albert 遭父親責怪，影響了他們的父子關係，甚至影響了他的接班。於是我便只好持續找機會向他分析關報之弊。

連同這一回，在十月底以前，我們有過三次談話，前後不下十個小時。他約我的時候主要話題是談他接班的事，有意希望我輸誠。我約他的時候主要話題是換掉我這個總編輯，萬萬不可關報。

我反對關報，是基於多少人曾對報紙付出無數心血，以及對美洲《中時》既創價值的深刻了解，這不在話下。我更進一步提醒他：關報無異於刷國民黨的巴掌，日後益增《時報》處境的困難；關報除將影響兩、三百位同仁之生計，更是對台北《中國時報》整體士氣之重創，將造成人才反淘汰，前途堪慮；關報是對余先生報人形象無可彌補的傷害，也是對

Albert 接班的反祝福，未來陰影難消。

這些話或許會使他心情有所觸動，不過對一個接班心切並希望好好掌握的人來說，這樣的觸動恐怕也就那麼一會兒工夫。

我理解也尊重他的接班心情，在過去兩年多的共事裡，他曾多次和我聊過，幾乎一無保留。關於他們家該由哪個子女接班，曾頗令余先生傷神，老么 Albert 並不是當然的熱門股；因事涉敏感，我從不置喙，連余先生試探性問我對他子女的看法，我都以「各有其妙」技巧性閃過。顯然，最近，就是最近，不知經過怎麼樣的琢磨，Albert 獲得了父母雙雙認可，便忍不住向我透露，既難掩喜悅之情，也有爭取我這個大他五歲的「老主之臣」與他合作之意。

但這兩件事同時發生，我很難將他的接班位階置於關報之上，如果他的接班必須用關閉美洲《中時》來達成，更是我完全不能認同和接受的，哪還有什麼心情輸誠？

十月十八日我在記事本上如此寫下了當時對此事的感受：

「……似藉余先生因經濟、政治因素正感心灰意冷之時機，為求在此脫身，得以返台接事，乃做關報之積極主張。」

我因信守承諾而不能直接與余先生談，但很快就發現，與 Albert 談得再多，要想透過他勸阻余先生關報，完全是緣木求魚的事。那麼，我該怎麼做才能阻止這個天殺的決定呢？

這個決定傷害的豈是《時報》、時報人？它將如江南案一樣，傷害到台灣形象、國家形象，更不誇張地說，它將傷害到泛華人世界廣大而長遠的利益。

這個消息必須出去，必須要讓蔣經國知道，唯有他才能阻止發生這個悲劇，怎麼進行呢？

對於一個跑政治新聞出身的人來說，要輸送消息給黨政人士轉達於蔣，是一件太容易的事，我在文中提到過的楚崧秋、蔣孝武，甚至即使我自己直接寫信給蔣經國，都是可以做到的。但是這些「關係」都太「公」，我考慮必須在「私」的關係裡出之以純「私信」方式，好使此一畢竟是違反承諾的通報，顯得比較有「正當性」。

也就是，我以「私信」告之於這個人，這個人也以「私信」報之於最高當局；之後，最高當局以不落痕跡的方式「私下」將此事消弭於無形。以「最高機密」的方式在私領域裡加以破解。

誰是這麼標準的「私關係」呢？想來想去，便想到了章孝嚴。

我和孝嚴有「私關係」——他是我的表哥。他的母親章亞若女士是我父親的表妹，我的表姑。他的外婆周錦華女士是我祖父的親妹妹，我的姑婆。簡單說，三代以前，我們的祖輩是親兄妹。

由於孝嚴、孝慈兄弟的身分特殊，我們的這層關係是從小被叮囑不許對外說的（保守祕密可真是早就有過的訓練啊）。周錦華女士是父親在台唯一的親戚，且是父親尊敬的長輩，所以小時候便常隨父親去新竹跟這位慈祥的老人拜過年，也得見兩位長我五歲、印象中非常用功讀書的表哥。長大後，各自在不同領域工作，雖然來往不多，但婚喪喜慶必定相邀。外界少有人知道這層關係，知道的人多半得自孝嚴之口，他在自傳《蔣家門外的孩子》中也有提及。

奧運結束我回到台北，曾在離台前一天到外交部看望這位已是北美司長的表哥。他要請我吃飯卻沒了時間，便堅持來參加《時報》老同事次日中午與我餞別的餐會。

在大家既高興又不解他的到來時，他說：「天瑞與我有兄弟關係。」於一片驚愕中我趕忙以一句「我們有如兄弟一般」，淡化而轉移了話題。早年是不能，現在則不想讓外界知道這層關係，免得在工作上牽扯不清，孝嚴並不以為忤，微笑會意。由此可見，我們的關係何其之私。

想到便做，於是我提筆給孝嚴寫了一封長信，首先表達這是一封瞞著余家的私函，希望他永遠保守這個祕密。接著我敘述了美洲《中時》遭到的麻煩，以及余先生深陷苦惱，精神狀態相當消極，以致「有極大的可能（或者已經決定）會把在美國的報紙做個了斷」。

信中詳細敘述了美洲《中時》兩年來的作為，更說明並分析了這些作為的原因和效益。尤其指出，倘若美洲《中時》關門，好不容易建立起來的海外聲望與優勢盡失，日後萬難扳回，必使親者痛、仇者快。

最後，我請他「是否可以在適當的機會和情境下，設法使當局緩和余先生的心境和處境，莫使他做下停止美洲《中時》的決定」。

這封信起筆於十月三十日，考慮了好幾天，到十一月六日，終於落了下款準備寄出。但是，我—沒—有—寄！

我沒有寄是因為我的腦袋裡始終擺脫不了這些想法——

我把承諾了不對任何人說的事說出去，這是不信。

在我仍然是余先生部屬的時候，把他不欲人知的事說出去，這是不忠。

如果最終他決定不闢，我如今把他沒有做的事說出去，這是不義。

最重要的是，闢報是個多大的事，他總要在決定之前聽聽我的意見，或起碼會告訴告訴我吧，那好像才是我合該表示意見的時候。我既會有這樣的機會，何必不信、不忠、不義呢？

想不到，我錯了！

報紙之死

我錯了，因為關掉美洲《中時》這件事，竟然余先生徹頭徹尾不告訴我，我毫無機會進言勸阻。

一如前述，我竟像是被綁架似地在承諾下不得不沉默，又誤以為終將獲得告知，而在幾經猶豫後放棄了外洩消息之任何行動，免除了關報計畫破局的一切可能，以致彷彿促成了關報一事終得在一九八四年十一月十一日「超完美」實現。

我顧全了私人道義，卻誤了報紙的存續；我不希望關報，反倒成了關報的幫兇。這一直是我深自懊悔的事，是我鑄下的大錯！

從關報第二年起，每逢十一月十一日，我默默地禁食一天，哀悼這份好報紙，也反省自己的愚忠和虛無仁義，如此持續了十年。我並私自發願，絕不在我手上結束一個媒體，這也是多年後無論怎麼咬著牙根都要撐住《新新聞》的緣故。

現在還是讓我們回到關報那一天，回顧那一幕吧。

一九八四年十一月十日的晚上，Albert告訴我十一日早上八點去拉瓜底亞機場附近的Marriott Hotel，余先生要見我。

我以為終於等到了機會可以勸他不要關報，心中連夜盤算著見了他該怎麼說。

哪知第二天一早，一腳踏進房間，他就告訴我報紙「已經」關了，關報啟事「已經」登在今天出版的報頭下了！

關報啟事都登了，說什麼都是枉然了。

怎麼會呢？總編輯要在每個版降版前的清樣上簽名畫押的，但我昨晚簽清樣時，並沒有看到報頭下有什麼關報啟事啊。

原來，那是在我降版之後，遭人偷樑換柱的結果。在報紙付印前，一份早就幾經研擬定稿的關報啟事，取代了原來報頭下的廣告，這是出自老闆的指令，工廠廠長當然配合。這使我想起，數日前一位相當資深的老總編輯汪祖怡被召來紐約，神色與以往有說有笑大不相同，原來便是前來協助草擬關報啟事並交付工廠執行的。

意思是，余紀忠打定主意瞞著我，之前沒得商量，臨事不予知會。吃了秤砣鐵了心，就是不容我這個必定是關報最大的「異議分子」參與關報決策，這是余家人的事。

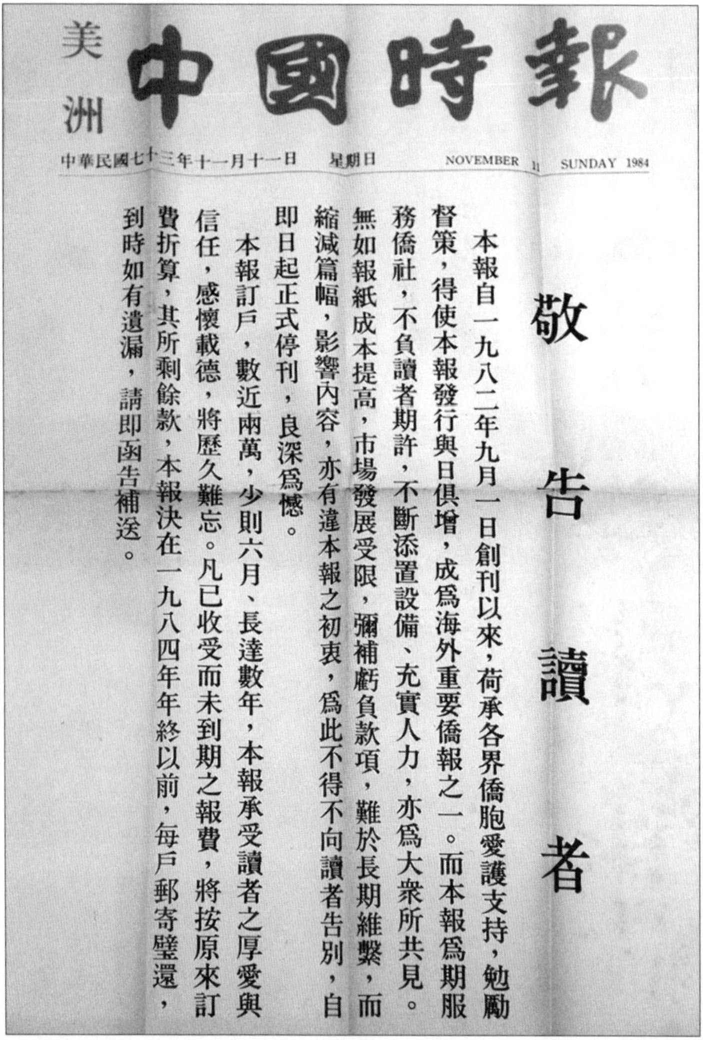

美洲 中國時報

中華民國七十三年十一月十一日　星期日　NOVEMBER 11 SUNDAY 1984

敬告讀者

本報自一九八二年九月一日創刊以來，荷承各界僑胞愛護支持，勉勵督策，得使本報發行與日俱增，成爲海外重要僑報之一。而本報爲期服務僑社，不負讀者期許，不斷添置設備、充實人力，亦爲大衆所共見。無如報紙成本提高，市場發展受限，彌補虧負款項，難於長期維繫，而縮減篇幅，影響內容，亦有違本報之初衷，爲此不得不向讀者告別，自即日起正式停刊，良深爲憾。

本報訂戶，數近兩萬，少則六月、長達數年，本報承受讀者之厚愛與信任，感懷載德，將歷久難忘。凡已收受而未到期之報費，將按原來訂費折算，其所剩餘款，本報決在一九八四年年終以前，每戶郵寄璧還，到時如有遺漏，請即函告補送。

關報是對余先生報人形象無可彌補的傷害。圖為美洲《中時》停刊聲明。

後來知道，自九月下旬以來做成這個決策的是，余紀忠、余伯母、余建新、儲京之（余的表弟）、余啟成。余家大女兒余範英不在其中，而余啟成的參與程度十分有限。由此可知，這不僅是余家人的事，更是與余家冊封世子緊密相關的事。

到了此時，當生米都已經煮成了熟飯，在向我說完關報消息之後，余紀忠囑我到隔壁房間等候。

去到隔壁，儲京之在此駐守，「恭迎」在我之前受召的社長、我，以及在我之後受召的華府特派員，告訴我們，別離開，等會兒跟余先生同赴報社向所有同仁宣告。我故作瀟灑、語帶促狹地說：「禁足了！」他一臉苦笑。

大家都心知肚明，即便關報啟事見了報，余紀忠都還防著我們跟台北通電話，唯恐關報一事在他完成最後一步——向所有同仁宣告之前，受到台北阻礙，顯示其務要事機隱密以達完全關報之堅定決心，以及對部屬（包括我）的不信任竟到這個地步！

此刻若要在腦海滑過旁白，正是：早知如此，我還守個什麼信諾？消息不早就放出去了嗎，哪由得你余紀忠對我疑神疑鬼！國府為了免遭罵名，說什麼也要叫停，又哪由得你余紀忠打臉！

這樣隱密的關報作業，首先就推翻了台北要美洲《中時》關報的說法。因為，既然台北要它關，它何須搞得如此隱密，如此偷偷摸摸？

但也正因如此隱密，如此偷偷摸摸，才顯示余紀忠對台北有一肚子氣，逼使他要做一件事讓台北好看。而在完成之前，絕對不可受到妨礙。

這件事就是「關報」！

不告而關的潛台詞就是，你們既然對老子囉囉嗦嗦，老子不幹了，老子關給你看，看你怎麼樣！

準確地說，台北並沒有人要他關，但顯然台北的一些作法「逼」得他只好關，既然要關，就高度保密。

所以接下來在報社面對全體同仁時，他的陳述盡是委屈、盡是堅持。正氣十足，大義凜然；寧為玉碎，不為瓦全。不讓步，不妥協，要辦就辦最好的，不容許打折扣。整個陳述的氛圍便是四個字：壯士斷腕！

究竟台北方面做了什麼事，逼得余紀忠「壯士斷腕」？

撇開傳言，且看我親聞親見的以下這個畫面。

一九九五年有一天，報壇耆宿葉明勳宴請老朋友，賓客有馬樹禮、楚崧秋、卜少夫、劉紹唐、歐陽醇等老前輩，也邀了我這唯一的後生晚輩敬陪末座。

他們無不與海內外報界有長期的淵源，老朋友相見自是無話不談，不知怎麼就有人（當然不是我）談起了美洲《中時》的事，楚崧秋不禁嘆道：「紀忠兄啊，老實講，你當時把報紙關掉這件事也做得太衝動了！」

楚公之意是，報紙辦得好好的，就算有些地方教人起誤會，但也沒有到必欲去之而後快的地步啊，怎麼倒自行了斷了呢？太可惜啦！

余先生接著嘆道：「崧秋你不知道啊，」就從這一句開始，他和盤托出當時文工會怎麼刁難外匯出口的情節：一開始就找麻煩，到了後來無論誰去講都沒有用，逼得他非得親自出面，說盡好話，看盡臉色，甚至還要請蔣經國幫忙才放行，常常搞得美洲《中時》無米下鍋……。

這些遭遇讓他苦不堪言，且在尊嚴上受到很大的傷害，說著說著竟當場不住地哭了起來。

自從美洲《中時》關報後，他們大概從來沒有機會在余的面前問過這件傷心事，如今事隔十年，想不到一經觸動，仍不免心頭劇痛。一個年近九十的老先生涕泗縱橫、淚灑餐廳的這一幕真使我終生難忘。

除此以外，根據余先生在其他公私場合的談話推斷，有關方面確實有派人介入的想法，主要關切兩件事，一是匯出去的錢是不是都是辦報之需？一是編輯部的人是不是有什麼問題？這便是余紀忠所謂不讓步、不妥協之所在。

有關錢的事，當時還沒有編經合體的制度，我不很清楚，只知報紙的營收隨著廣告發行的成長，虧損已大為減少。但報社起碼有兩件花錢的事要做，一個是從拼版開始往全面電腦化邁進，一個是紐約、洛杉磯之外，在舊金山增建印刷廠。因此從台北匯錢支應，在所難免。這都是正在進行的事，八四年九月後各版已按計畫逐步改為電腦作業，而舊金山設廠的廠址也已選定，準備興工。從這些方面來看，都不像要結束營業的樣子，更為後來關報頻添不少驚訝。

但是，是不是有人因對內容不滿又見不斷結滙，因而對余紀忠之忠貞起了疑心？加之，前面提到過，余曾有過關掉台北《中時》、留下美洲《中時》的離奇想法，是不是不慎露出過向外移轉財產的馬腳？

於是，是不是他就不得不以大動作「證明」清白、「掩蓋」真情？這個問題已超出我的理解範圍，不是我能回答的。不過，這種說法確曾在文宣情治單位流傳，隨著美洲《中時》的結束而不好再說，或說了也恐被指為追殺過甚、太不厚道，便止息了。

至於派人進到編輯部，余家的確有人這麼說，甚至連派什麼人來接掌編務、筆政都言之鑿鑿。假如來人只是在二線工作上當個「監軍」角色，不知余先生如何，我倒不以為意，因為我心坦蕩，在合作共事、耳濡目染之下，說不定還可以施予「反影響」。但若顯然不止如此，就不是一個換掉總編輯的問題，而是逼人繳械的問題了。是可忍，孰不可忍！這種奇恥大辱，一般人都接受不了，何況余先生。

這個說法究竟是真是假？因美洲《中時》關報以致無法作為，自也發生不出事實。文宣情治單位吃了啞巴虧也好，被倒打一耙也好，總之在寧可信其有的普遍心態下，他們只有百口莫辯。不過以當年這班人之大權在握，多行不義，就算被冤枉，也是自作自受，罪有應得。

關報這一天，余紀忠對同仁的講話充分表現了報人風骨。他絕口沒提這些時候以來我們在奧運、社論與江南案的處理上有任何不當。同仁們靜靜地聽他說得義正詞嚴，逐漸不時傳來啜泣聲，為他的言語感動，也為報紙之死難過。

同一時間、同樣說法、相同心情在多倫多、華府、洛杉磯、舊金山、休士頓、台北、香港各地辦事處瀰漫開來。

這些說法與關報啟事所言：「無如報紙成本提高，市場發展受限，彌補虧損款項，難於長期維繫，……為此不得不向讀者告別，即日起正式停刊，……。」根本風馬牛不相及。由此可見，「官方說法」從來就不靠譜。坦白說，那「官方說法」還明顯矛盾，既說本報發行與日俱增，又說不堪虧損，彎來轉去，前言不對後語，因為就是不能說出老實話，也真難為那位撰稿的刀筆吏了。

在紐約的宣告現場有人發出由同仁接辦的聲音，余先生以美洲《中時》必須以「原樣」留在大家心目中回應。之後有人發動連署籲請復報，這是他不高興的事，發動者頗不被諒解，很快就被撲滅。這兩個想法雖沒成事，足可反映不少同仁對關報之舉，儘管聽老闆說得何等超凡入聖，內心另有看法。

當天下午，紐約有一場涵蓋了左中右獨各派人士的聚會，討論中國前途問題，當美洲《中時》關報的消息傳到會場，即刻有人大喊「打倒國民黨」！接著大家紛紛以此為話題，那原來的研討主題反倒被淹沒了。

與此相反的情況則顯示在次日國府駐紐約辦事處處長（即總領事）吳子丹的一個餐會上。這個早已約好的餐會，宴請中央社紐約特派員吳恕、世界日報社長馬克任、……及我與曼玲幾對夫婦。雖然心情極度惡劣，幾經踟躕，我還是硬著頭皮代表了一個甫告消亡的報紙勉力出席。

這幾位國府在紐約的媒體要角，無不是從台北一路相熟的老朋友，但是整個晚上，對美洲《中時》關報這件剛出爐的大事，竟沒有人提一個字；對我這個與此事相關的主要當事人，連一句正常的安慰話都沒有。這些親國府的人，彷彿已將我定性為十惡不赦的候審要犯，相約不言，形同大忌，氣氛詭異得不可想像，令我百感交集，惶惑不置。

我不禁想，兩年多來我究竟做了什麼？自今而後我將被看成什麼？

在回家的座車上，一切的一切湧上心頭，我再也強忍不住，淚水撲簌簌地流了下來。

大禁忌時代

「變左了」可不是句好話

美洲《中時》停刊，是又一顆重磅炸彈，炸得海內外一片罵聲；如江南案一樣，國府再次邀獲罵名，永遠洗刷不清。

自那日以後有接不完的電話，分從台北、香港，美國各地打來，沒有人願意接受這個事實，沒有人不痛罵國民黨，沒有人不希望我們快快復刊。這絕非我的個人經驗，每個時報人無不同受，余紀忠那邊肯定更多。這個消息甚至驚動了包括《紐約時報》在內的美國大小媒體關注甚至報導。

有人形容，這是國民黨一九四九年從大陸撤退之後，另一次大撤退；那一次是敗退，如今是勝退，明明贏得了人心，居然也退。也有人說，這是一九七〇年釣魚台事件以後，台灣最失海外知識界人心之舉，預判從此紛紛左傾將成大勢，而為兩岸形勢大逆轉的分水嶺。

首先被炸醒的是國府駐外單位，在華府的駐美代表處（等同駐美大使館）發現，美洲《中時》的存在固然傷腦筋，過去乃幾乎三天兩頭要為此拍發不利於它的情資回去；但當美洲《中時》停刊後才知道，原來它的功能如此之大，評價如此之高，過去聽到的雜音其實不足為訓。面對僑界四處發出的復刊呼聲，代表處見風駛舵，轉而發文台北積極主張美洲《中時》復刊了。

向來七嘴八舌的僑務、黨工、情治機構也警覺到，經此美洲《中時》撤出戰場之劇變，海外文宣陣營必定此消彼長，大事不好。這些當時打小報告打得不遺餘力的人，此刻竟然默默推動著華人連署，呼籲政府敦促美洲《中時》重新開張。

這不是短時間的一個動態，具體掀起了一波重視海外文宣的浪潮。而在復刊的形式上，除了希望美洲《中時》自己復刊以外，還包括盼望有財力的工商界接手，或甚至病急亂投醫地要《中央日報》到美國開報，不一而足。這類的努力起碼持續了一兩年才漸漸止息，終其極，榮耀難再，美洲《中時》任何形式的復刊終成泡影，再起一個如美洲《中時》一樣的報紙已無可能。

另一個面向是，余紀忠關報造成各方交相指責國府，不少人認為這是余紀忠故意給國府製造難看，有嫁禍國民黨之嫌。在國民黨眼裡，你余紀忠是否只顧成全自己，犧牲黨國名聲，倒要好好解釋解釋，包括蔣經國都要找他問一問。

余紀忠在美國關報三天後回到台灣，七天後面見蔣經國，為了應付這些他一概預想得到的質疑，就改了口徑。他不敢坐實對國府的指控，沒有勇氣當著朝堂，尤其當著蔣經國的面，把關報當天的那番對同仁的慷慨陳詞再說一遍，最簡便而自然的做法就是拿部屬頂鍋。情願也好，不情願也罷，他內心世界的兩面性在此時展露無遺。

天下無祕密，誰都要交差，交差的語言很快就傳了出來。

美洲《中時》的關報，遭到立法委員強烈的抨擊，矛頭指向政府，新聞局長張京育在答詢時當然撇清政府的責任，而他說的「語言」：「紐約編輯部與台北相隔甚遠，台北鞭長莫及，無法有效掌握，確為該報帶來困擾。」當然就是本乎《時報》。明白顯示，《時報》既不再提財務因素，也不再指政府刁難，而推出第三種表述：編輯部瞎搞。

老實說，美洲《中時》結束營業，博得海內外全面相挺，可謂「風光關報」，若非編輯部之作為深得人心，哪有這等美事？然而當面對有關當局不好交代時，便推稱都是編輯部惹的禍，竟自我定性美洲《中時》是有罪之報，並且罪在同仁。

真是成也編輯部，敗也編輯部，同一個編輯部，忽為英雄，忽為芻狗，與時俱變，因勢而異，令人不辨西東。

但是這一招在對付難解之局時，非常好用。明眼人都知道，關報一事本質上是對台北的一項反制行動，但只要懂得操作，亦可被解讀為「懸崖勒馬」、「認罪悔改」，那就大有助於一下子變成自己人以致既往不咎了。

余紀忠在蔣經國面前，不僅避開一切敏感字眼，以免遭疑指著和尚罵禿驢，可想而知必有所忠誠表白，說到痛心處不免落淚一番，於是成功地將「壯士斷腕」的憤懣轉換為「自斷一臂」的悲情，蔣經國何忍相責，能不加以慰勉嗎？各家保守單位見主子如此，還能如何？余紀忠原先經受的忠誠信任危機，豈不瞬間轉危為安，立馬迎刃而解？

縱使外有復刊之聲響徹雲霄，然而國民黨內部的大頭們，自蔣經國以降，誰有資格前後不一、自相矛盾地向《時報》傳達此意？誰又願意抱著一肚子窩囊，還唾面自乾地求他余紀忠復報？

何況面對此一呼聲，余家早已對外堅決表示不可能，第二代甚至揚言「除非余先生再生一個兒子！」「開了關，關了開，我們又不是婊子！」凡此種種，都使國府在第一時間難以形成要求美洲《中時》復報的決策，則時機一失，復報就戛乎其難了。

由於余紀忠回國後相當機巧地換了說法，他過了關，這麼一來壓力便落到了我的身上。邏輯是，既然《時報》承認用人不當，將責任推向編輯部，身為總編輯的，豈不正是那個所謂被用錯了的、不好駕馭的人，怎麼倒還繼續在《時報》任職呢？

的確，余先生在告知我關報消息的同時，將我改任台北《中國時報》駐紐約特派員。也就是說，他沒有讓我這個總編輯失業，授我以新的頭銜留在《時報》。我為免尸位素餐，還定心規畫了一個工作藍圖，打算開拓以文化藝術為內涵的紐約特派新聞生涯，從此不碰政治。

他的安排固是對老部屬的一份情誼，當然也是權宜之計，讓彼此有一個觀察和修復的緩衝段落，一時免得遭人批評。但很快我就聞出了異味。

關報之後，除了極少數同仁受到安排，絕大部分領了資遣費之後就流離失所，同仁情緒沸騰，對報社頗不諒解。暫時留在紐約善後的 Albert 不得不好自應付，便向他們散播「報紙是周天瑞搞垮的！」之說，來抵擋大家對報社的反彈情緒。這麼做，既省得傷腦筋，也正好乘機調整調整大家對我的觀感，可說一石二鳥。

但同仁們自有定評，不少人聽了這一類的話很為我抱屈，即刻就會傳到我的耳朵裡。我一概默默承受了下來，心裡開始有數：跟《時報》的緣分怕是快要盡了。

沒有多久，當這個說法發展到報社必須向政府層次陳述時，那可就不再是個說法，而必須要拿出做法了，「處置周天瑞」就是必然的發展。

果然消息來了，十一月二十日，Albert 找我，話是這樣開始的：「天瑞啊你在台北究竟得罪了多少人？怎麼就有人一定要你離開時報呢？」我問有些誰，他囁嚅著告訴了我三個名字，我一聽就知道是信口雌黃，因這三個政要起碼有兩個對我極好，少有人曉得。這不重要，重點在後面：「余先生希望你再回到學校去，跟幾年前一樣，報社支付學費及生活費，為時兩年。並且暫時不要回國。」這下就全明白了，不是嗎？

我是個有求去習慣的人，關報的時候就想走人，但只要我把這個心思告訴曼玲，她就說，如果這麼做，當天就開始睡不著覺。現在，我更想請辭，但下不了這個決定。

是的，身處異地，房貸、保險、教育、生活，無不需要錢，丟了工作，哪來依靠？耍帥，賭氣，秀風骨，都不能跟鈔票較勁，更不能拿家小當兒戲，畢竟我們沒有準備好啊。只好忍了下來。

在那些十分糾結的日子裡，不時會遇到陌生的讀者，但見他們手上拿著好幾份華文報，衝著我說：「以前只要看你們美洲《中時》，不論是新聞、評論，就清楚了、相信了，現在卻要看這麼多！」說完還大嘆一口氣。就是這樣，走到哪裡，哪裡就隨地隨機地開起了「追悼會」。

相反地，被美洲《中時》壓得喘不過氣來的《世界日報》和《中報》得救了，強敵自動退兵，恍如天下掉下來好大的禮物，紛紛開香檳慶祝。

《世界日報》洛杉磯總經理劉自誼親口告訴我，他們被打得好慘，若我們繼續辦下去，他們連薪水都要發不出來了。《世界日報》二十年後當上社長的楊仁烽也對我不諱言，當年王惕吾本已派他到紐約展開救援大計畫，力圖解決《世界日報》的困局，他知任務艱鉅，暗自發愁，美洲《中時》一關，危機解除，計畫便取消了。

不同報社的人，命運真是不同。突遭大變，一群茫然失措、憤憤不平的美洲《中時》同仁，不時或聚在餐館，或圍坐我家，或持著話筒，宣洩著說不完的對余先生的失望、不滿。我陪著他們同哭同笑，共度關報後的慘淡時光。

《時報》既說是人有問題，則造成的不止是我的受難，也不止是兩百個同仁的失業，而是他們從此由傑出人才變成戴罪之人，將被刻上印記，受到懷疑和排斥。誰來在乎他們？我曾為此私下求助於好友謝深山，央他以勞工立委的身分提出質詢，籲請政府正確看待他們，即或不能網羅，也不要打壓。

但迫於生計，又礙於《世界日報》通令不得吸收這幫「被刻上印記的人」（該報唯獨接納了一個迫切需要的業務部經理張靜濤，因而免了楊仁烽的萬里馳援），他們只好大量去到《中報》、《北美日報》這些立場明顯相異的報紙，大大充實了異己的實力。結果又遭人指謫：看吧，果然美洲《中時》的人有問題吧，終於露出狐狸尾巴了吧。真是倒果為因，天地良心啊！

這給了我好大的警惕。常聽人說文人無行，其實文人多半缺乏財務經營的訓練和觀念，以致往往經濟上不能獨立。當經濟上不能獨立，還談什麼思想獨立、人格獨立、專業獨立、政治獨立？以致真正能堅持操守、受人尊敬的究有幾人？

百無聊賴之餘，我姑且一方面開始為申請入學哥大忙前忙後，一方面盤算著日後的何去何從。並等待著那最終的決定何時到來。

日曆翻過舊頁，時序進到一九八五年，恩師許倬雲教授從台北回到匹茲堡家中，我們如常通了電話。他在聊了很多關報心情和台北見聞後，突然問我：

「你有沒有勸過余先生到大陸辦報？」

我問怎麼回事？

許老師說，他去看了余先生，一見面劈頭就問：

「您囑託過我，要像當年沈剛伯老師在倫敦照顧您一樣地，在匹茲堡照顧天瑞，我現在最關心的還是我的這個學生，您把報紙關了，打算怎麼待他？」

余告訴他已讓我離開工作，資助我重回學校，接著加了一句：「天瑞到了美國以後變了。」

老師問：「怎麼變了？」

余說：「他變左了。」

老師說：「我和天瑞常有聯繫，並沒這個感覺，您何以見得？」

余便像是說出一個驚天大祕密似地，告訴許老師我勸他到大陸辦報的事。

我一聽完這段敘述，當即決定辭職，這一回，曼玲沒再阻止我。究竟怎麼回事？

我依稀想起，在籌辦報紙當時，大家同甘共苦，相互砥礪，充滿豪情壯志，和余先生之間宛如革命夥伴一般無所不談，有時不免會天馬行空地「盍各言爾志」起來。我曾說：「哪怕余先生若要我去非洲辦報，我都辦給他看！」就是這個情境下的語言。

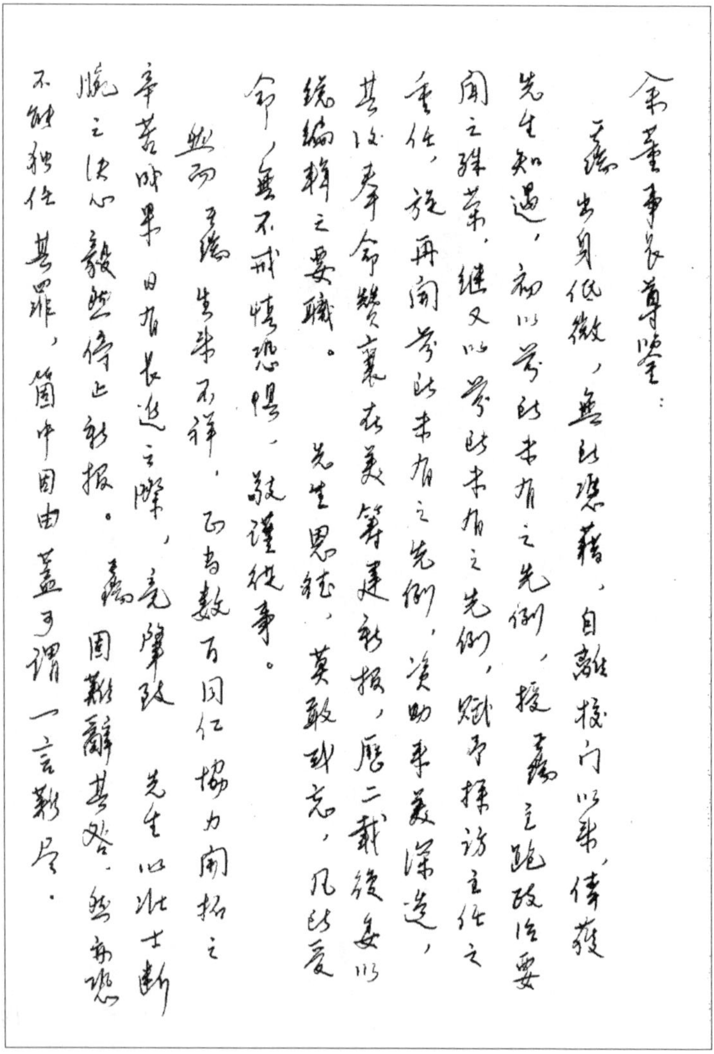
余董事長尊鑒：
瑞出身低微，無財憑藉，自離校門以來，倖獲
先生知遇，初以前所未有之先例，授瑞主跑政治要
聞之殊榮，繼又以前所未有之先例，賦予採訪主任之
重任，旋再開前所未有之先例，資助來美深造，
其後奉命贊襄在美籌建新報，歷二載後委以
總編輯之要職。 先生恩德，莫敢或忘，凡所受
命，無不戒慎恐懼，敬謹從事。
然而瑞生來不祥，所有數百同仁協力開拓之
辛苦成果，日有長進之際，竟肇致 先生以壯士斷
腕之決心，毅然停止新報。 瑞固難辭其咎，然亦恐
不能獨任其罪，箇中因由 蓋可謂 一言難盡。

余紀忠一句：「他（周天瑞）變左了。」十三年多的賓主關係，就此畫下句點。圖為周天瑞向余紀忠遞出的辭職信。

自傳刊以來，輒茶飯不思，以淚洗面，實備嚐人生之極苦。非言語所能盡述，至今曾草書數通，表明辭意。然每念 先生之心情尤較 藹儀多數千萬倍，而於諸般情況更如千絲萬縷須待一一調理，為免增添 先生困擾，更免情緒衝動之嫌，是以皆予留中未發。

現經二月餘日之思考，復悉各方情況已漸好轉，先生心緒日趨平穩，而 藹儀亦已度過曚懂盲昧之情緒期，是以謹書此函，向

先生表明堅決之辭意。

關於 先生再次資助入學一事，藹儀雖自覺學藝不精，但久經考量，實不敢承受，一來免貽人口實，二來愧將除無以為報，三來藹儀已年近四十，

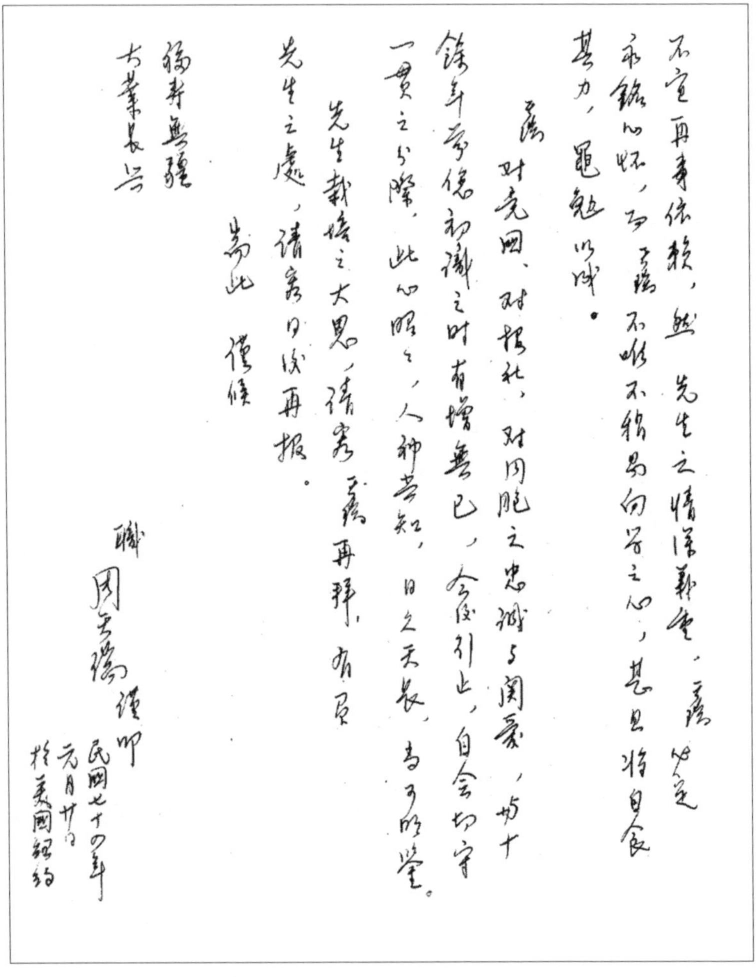

不宜再事依賴，雖 先生之情深義重，瑞必定永銘心懷，而瑞不能不稍易向學之心，甚思將自食其力，冀勉以成。

瑞 對黨國、對領袖、對同胞之忠誠與關懷，均十餘年前與您初識之時有增無已，今後引退，自會恪守一貫之分際，此心昭昭，人神共知，日久天長，當可明鑒。

先生栽培之大恩，請容瑞再拜，有負

先生之處，請容日後再報。

肅此 謹候

福壽無疆

大業長興

職 周天瑞 謹叩

民國七十四年元月廿日於美國紐約

周天瑞向余紀忠遞出的辭職信。

於是那句話應該是這樣說的：我們一定要把美洲《中時》辦好，將來還要在世界各地辦，說不定哪天也能在中國大陸辦，讓《中國時報》遍地開花，成為全球「時報王國」！

這是勸他去大陸辦報？

那時候兩岸還處在什麼通都不通的完全封閉狀態，余先生還是國民黨中央常委。我「勸他」去大陸辦報？我瘋了我！

在那個大禁忌時代，「變左了」可不是句好話，說這話等於扣我紅帽子。余既會對老師說，必也會對有關方面說，不知道跟了多少人說，那不是置我於死地麼？

在報社歸咎編輯部的時候，我沒對外說一句話，也沒回台灣為自己開脫，默默承擔了下來。畢竟知遇一場，在他遭難的時候替他有所承擔也是應當。但是落井可以，落井下石不行，過頭了！

事已至此，我徹底發現，這老闆不能再追隨了，既然已是「郵差三度來敲門」，可不能再遲疑了。一月二十二日，就在我重回學校的第一天，一封忍了很久的辭職信，終於堂堂投進了哥大校區的郵筒裡。

我謝絕了他再次助我深造，表達堅決的辭意，堅決到一看便知無法慰留。

我依然感謝他的提攜栽培，遺憾肇致他以壯士斷腕之決心停止新報；但也表示，「天瑞固難辭其咎，然亦恐不能獨任其罪，箇中因由蓋可謂一言難盡。」

我還說，「今後行止，自會切守一貫之分際」，臨走都不忘讓他放心，我不會去到他最在意的「敵營」聯合報系。

最後祝福他「福壽無疆，大業長興」。

十三年多的賓主關係，就此畫下句點。

錯用新聞感不是辦報紙　是搞政治

在美洲《中時》停刊並因而結束與《時報》的關係後，我曾與友人有不少的言語和信件往來。言語已無從追索，然信件幾皆保持完好，如今重讀，仍有恍如昨日之感。即使書寫當時，心中不免沉重，或情緒流露，但語重而心長，字裡行間透發的，仍多從大處著眼的描述和思考。

本書的最後，容我依著時序提列其中一些段落，以顯示從我的角度所反映的時代切面。這裡的敘述或與本源有關或涉及其在後來之影響。

一、給勞工立委謝深山

這兩百多名失去工作的一流人才，雖不在中華民國國境之內，但是絕大多數皆是中華民國國民；雖然他們受雇於在美機構，但無一不是徹頭徹尾的勞苦工人。美洲《中時》的關報使他們在生計和名譽上都蒙受了莫大的損失，為了還他們勞苦的公道及政治的清白，不知您是否肯為此向行政院提出質詢？

這些時日，我每每想到這批朋友兩年多來披星戴月、披肝瀝膽的辛苦

煎熬，而今竟換來這樣的結果，真是寢食難安，尤其看到他們徬徨無助的神情，更是心如絞痛。（11/24/84）

二、給海工會主任曾廣順

由於各方多將停刊諉過於政府施壓，無形中此二百餘人兩年多來之所作所為，似以反對政府為己任，不明內情者或將視之為洪水猛獸，避之唯恐不及，此不僅抹煞他們的諸多貢獻，亦使他們今後陷入極度尷尬之處境。他們是一支不可多得的文化精銳部隊，今後在迫於生計之餘，倘又受此「莫須有」罪名之對待，極可能紛紛轉入敵對報刊覓食，則敵長我消，後果不堪設想。深望政府當局籌謀對策，有以護全與搶救。（11/24/84）

三、給北美司長章孝嚴

果如所料，美洲《中時》的停刊，導致海外報業形勢逆轉。

大抵而言，美洲《中時》訓練的報業專業人才幾全為親大陸的報紙所吸收。《中報》席捲了時報的發行與廣告市場，延攬了《時報》的菁華，並拉攏了原來為時報撰稿的中間偏右的知名作家，因而聲勢大振，隱然有成為第一大報之勢。中共幕後支持的《北美日報》也投下大筆資金，接收了十餘名時報人，調整作業技術及增闢自製版面，雖因基礎太弱，形象太差，一時難以奏效，但假以時日，中共的輿論影響力恐將因而壯大。此外，原來基礎不壞且為中共中央直接經援與控制的《華僑日報》，邇來亦整軍經武，大事挖角，準備以自由形象放手一搏……。

總之，美洲《中時》停刊五月，海外的輿論市場及《時報》的報份與人才已全數淪入敵手，至今無一報刊可以阻遏此等趨勢，致使其之停刊乃為「資敵」二字可以概括。此一早可預期的後果，不明究為《時報》當局智不及此，抑為明知而故為；不明當時之反《時報》人士，究為逞一時之快，抑為挾私心以從公？（4/11/85）

四、給友人江春男（司馬文武）

一直到今天，每當聽到別人對美洲《中時》的稱讚與惋惜時，我不知道應該感覺安慰還是感覺冷漠。我只知道，當某些方面的人說這份報紙如何如何瞎搞的時候，我好似應該顯得滿臉慚愧，因那都是我之過。我不知道當余先生面對此景的心情如何，當別人說這份報紙有問題的時候，他寧可認為是周天瑞搞出來的結果，以至於當面對別人的稱讚與惋惜時，是不是也寧可認為這些根本都不存在，並與他毫不相干？

什麼叫做 integrity？言與行若不能相符，大環境若不容許做到，大可不必做此標榜，否則徒留汙點，甚至汙名。

我如今最大的安慰是沒有參與這個撈什子的決定，否則我會終生痛悔，愧對良心。我很清楚參與這個決定的人其實各懷目的，那些浮在表面，而且因情況與對象不同而不斷變動的說詞，根本掩飾不了真實存在的算計。而尤其這其中以別人的血汗為犧牲來換取什麼目的，只徒增歷史醜陋的一頁而已。

春男：
一直到今天，每當聽到別人對美洲中國時報的讚與惋惜時，我不知道應該感覺安慰還是感到冷漠。我祇知道，當某些方面的人說這份報紙如何如何瞎搞的時候，我也很難[illegible]樣子，因為那都是我的錯。我不知道當[illegible]生面對同樣情況的時候的心情如何。當人家說這份報紙多好多好的時候，他可曾[illegible]開了[illegible]的影子？我當是當別人說這份報紙有問題的時候，他寧可認為這是因為瞎搞搞出來的結果，以至於當面臨他人的欣賞與惋惜時，也寧可認為這些根本都不存在？
破性地要把有利與不利的因素分開，恐怕不是有勇氣的作法，這是我唯一知道的：即使迫於無奈做了停報的決定，難道必須把這份報紙已有的好的價值一概抹煞，才能為[illegible]個決定找到支持力嗎？這是我不明白的。如果這份報紙真有那麼多的好處，難道說這都是因為自己的英明，與別人無涉，別人所做都是錯的，別人該為一切的錯誤負責？這是

美洲《中時》停刊並因而結束與時報的關係後，我曾與友人有不少的言語和信件往來。（給友人江春男（司馬文武）信函）

我辭離了，總可以為自己打開一點僵局，那一切自今而後都成了別人的事，我走我自己的路，我成全了我的 integrity。

從此，我再也不必因為看到了什麼不對勁，卻因不讓我們使什麼力氣，而徬徨焦慮啊，而不可終日啊，我再也不必無天無日地做了那麼許多事，最後經人輕輕一撥弄，又進了十八層地獄！

從此，我靜靜地看別人笑，看別人哭，看別人把新聞當工具，把專業當糞土，把報紙當屠宰場，這一切都不再與我有關係了。正如《聖經‧提摩太後書》說的：「那美好的仗，我已經打過了；當跑的路，我已經跑盡了；當守的道，我已經守住了。」

多少人找上門來想盡辦法要我去，可是啊，我一個都不答應，我就讓人笑我沒人要，我可不讓人說：「你看，他果然有問題吧，他去了左報！」哈，我太知道了，他們巴不得我去左報，以便自瀆。對不起，我活著可不是供人取樂的。我有我的譜，雖然我根本不知接下來要幹嘛，但只要有一口真氣，總根據章法處世，我一定走得出一條路。

我內心的苦楚豈有人知道？我雖不願以阿Q式的精神勝利法自處，但也庶幾近乎地拿意志力來排解，悲哀啊，一個不能獨立自主的窮酸文人，不過是別人的踏腳石。對於這樣的日子，我厭了，煩了，我倦了，我更覺悟了。擺在我面前的唯有一條路，就是自主，自己做主，做自己的主，任什麼再美麗的語言，都別想掀動我的心了！

去夏的回去，讓你看到了我的意氣風發，恐怕超過了你往日所見。那不是我喜歡及慣於擺出的樣子，但是真的自覺到那麼多的信心，那麼多的快意，便不自覺地放浪形骸了。說穿了，也不過是一種面對老友而激起的「無忝我職」的安慰感罷了。然而曾幾何時，風暴竟然那麼強勁有力，無情地吞噬了我們的成果，席捲了我們的心血，真是殘酷啊，真是可怕啊！

人生本來是起起伏伏，忽上忽下的，我經歷過的難道少嗎？又怎麼學不會淡定呢？但是憂苦的日子那般長久，而當我們才揚起勝利的歡笑時，背後推上來的狂濤卻是那般毫無耐性地迫人就範，再一次將我們打入深淵。我們的活著，只是為了不斷迎向別人的刀鋒，還要面帶笑容地述說著謝恩的話嗎？（4/13/85）

五、給友人江春男

世事多麼難料，但又多麼早在料中。

就以近日爆發的十信超貸弊案來說吧。七九年我二度主持採訪期間，跑財政部的記者張叔明訪得國泰集團及其轄下十信多所異常，在我的鼓勵下發刊三版頭題。不數日蕭政之（政工出身的國泰門神）經人中介約我與叔明會於大陸餐廳，席間以長輩、長官的語氣對我橫加教訓，我忍無可忍，除以職份所在表明堅決的立場之外，並告訴他說：「儘管你年紀長我許多，閱歷豐富許多，但在談今天這個題目上，你我立於完全平等的地位，你不可以擺足姿態而規避問題！」他未料一個年輕人敢如此跟他說話，據說是他從未經歷過的場面，直把他氣得吹鬍子瞪眼。

第二天，兩件事情發生了，一件是，余老闆把我叫去責備一頓，認為蕭是情治系統中極少數有交情的人，他需要蕭的打點，我不該得罪云云。另一件是，國泰中人登門帶了禮物什麼的來說是蕭請他轉交，遭我當場喝退。

事隔五年多，我固已去國，也離開了《時報》，但蕭在十信案中上了榜，國泰集團更是臭名遠播，同時聽說新聞界受國泰好處的人有一百四十二人列名，我倒真好奇是些什麼大名！

我們彼此都付出了代價，但相形之下，我俯仰天地，衷心無愧，而他們已是負了重罪的人，不知道該怎麼樣面對天下蒼生！

不能懲惡於既萌之時，非令姑息養奸以致社會動盪、小民受害，才叫稱心？究竟是誰在坑害這塊土地上的人，誰在斷送這扁孤舟的命脈？

再拿江南案來說，案發當晚我在枱子上幾度交戰，直覺此事後續無窮，非同小可，報紙的價值唯立信是賴，天下之罪，罪不在報導，唯在罪惡本身，是以斷然以一版頭題出現。如所周知，我又遭了殃。如果這真是關報的「原因」，那究竟是禮讚時報主人的英明呢？還是痛責他的愚蠢！——依後來案子發展的強度來看，當時的處理，從標題到內文，何其微不足道。

沒有新聞感是不配做報人的，有新聞感而不用或錯用，那不是辦報紙，而是搞政治——不幸，這種搞法是沒有社會良心的政治，沒有國家觀念的政治，是一種搞垮為止的政治。

這兩個例證無非說明了我的毛病是新聞感太強，而且還把歷史感擺進去。這本是常態社會新聞從業人員的普通型，但也無非說明了我們處身的環境，是連這種普通型的人都不配有的。什麼叫做災難？老實說，我的遭遇並算不得災難，真正的災難是我們的新聞界，以及我們全體人的命運啊！

我至今深自安慰的是，從事新聞工作十三年多以來，還沒有在哪個新聞上抓錯過重點，搞錯過方向，說錯過什麼話。我唯一的錯處是，不該一直做得那麼對，做得那麼認真。果如是，春男，那真不是我的錯啊，你說可是？

我既決志踽踽獨行，那麼，該更換的裝備，該填充的燃料，該計畫的旅程，總還要具備一些雛形。我一定會回來的，請再給我一些時間，待我做好修補，讓關心我的友人有點什麼比較好的「覺得」吧。（5/30/85）

六、給《中時》老長官張屏峯

您一定了解，離開《時報》這個決定下得並不容易，何況並不是有了什麼打算才下的。下了決定之後，一切歸零，卻還拒絕了可以比原在《時報》收入還多的左報邀請。這些都是為的想要爭一口氣，盼望後半生能過得比較獨立自主些。

您對《時報》的憂心是很可以體會的。不是我說重話，《時報》似乎正在革以前的命，有墮落之虞。我早就願意此生永遠以「時報人」自居，但那是以從您主持採訪到您離開編輯部，以及從我進《時報》到美洲《中時》關報這段期間的《時報》精神為認同標的的。我的感覺是，這正是《時報》興衰隆替的關鍵，雖然我雅不願看到它從此沉淪。

我曾在美洲《中時》關報後第二天跟儲先生說：「報社今後不用屏老，不用天瑞，都沒有關係，但是請照屏老、天瑞的樣子選擇幹部，否則這個事業會自己把自己弄垮！」不知您以為然否？就算這是我離開《時報》以前的最後建言吧。（5/31/85）

七、給老長官張屏峯

轉眼間，十一月十一日就要到了，對一年前那樣一個令人痛心疾首的日子，我沒有減少一點不齒，沒有增加一分認同，那是歷史上永遠醜陋的日子。因此我已決定在那一天，破天荒禁食，靜靜悼念這份最好的報紙的死亡，並深感自疚，自疚未能阻止它的殞落……。（10/16/85）

售予旺旺集團　余紀忠的《中國時報》終

故事說到這裡，是該結束的時候了。

關於美洲《中時》是怎樣的一張報紙，相信我已說得夠清楚，至於「美洲《中時》為什麼關報？」這個問題則顯然沒有單一答案，但大概可以琢磨出以下幾個面向：

1. **因錢**：余家不想再承受家產損失（即所謂不堪虧損），且階段性任務已經達成，不願再為結匯苦苦求人了。

2. **因人**：

a. 余建新（Albert）冊立太子，為免變生肘腋，必要儘快卸除海外重擔。

b. 由當職總編輯周天瑞概括承受人謀不臧，用人不當之責，恰可以度過自開報以來對國府不好交代的眼前困境，又可以解除未來其功高震主、難以駕馭之困擾。

3. **因內容**：奧運新聞、雷根社論、江南命案等相關內容之處理，不見容於台北。此時關報，正可以博得令名，享有榮耀。

4. **因政治**：變局當前，台北依舊狹隘陳腐，不見恢弘之氣，對新銳之作為，甚且毫無理解或接納之機制。這樣一份有志於超前意識的報紙，台北當局既無福消受，不辦也罷。

關報將近一年後，余紀忠重履紐約，幾經周折見到了我，他說的第一句話是：「天瑞啊，這些時候，你的心情我很了解；相信，我的心情你也一定很清楚。唉！這都是時代的不幸！」

於此又道出了另一個說法：

5. **因時代**：不幸的時代，造就了時代的不幸。

最後這個說法雖再次可見余紀忠不改其「因人而異」的慣性，但仔細想來，恐怕還是最無奈、最有共識的總結。意味著，我們用了正確的方法，做了正確的事，但不幸我們碰上的是個錯誤的時代。這個說法等於表達了美洲《中時》其實沒有錯，我能接受。

辦報脫離不了時代，余紀忠高估了那個時代的器量，我們則高估了余紀忠肆應那個時代的能量，以至於都成了被鳥吃的蟲兒（相對於「早起的鳥兒有蟲吃」）。

個人的成敗毀譽不足為惜，轉過身子，又是一條好漢。但流逝的時代永不回頭，失去的機會再難重現，看後來的《時報》，看今日的時代，也就隨著余紀忠機關算盡最終只能被目為「一代」報人，而一同喟嘆了！

相隔二十四年，二〇〇八年十一月，余先生大去後六載，《中國時報》售予旺旺集團，余紀忠的《中國時報》，終。

【後來】

告別《時報》後，我繼續在哥大國際關係學院選修了一學期課，先前申請的哥大新聞學院和國關學院的入學許可也都分別取得。但為了拚經濟，後來都告放棄。

我謝絕了兩家左報：《華僑日報》、《中報》的邀請，曾應徵開計程車，曾考慮去《紐約時報》從送稿小弟（copy boy）幹起，曾打算做貸款仲介。兩個多月後盤下自助洗衣店維生，七個多月後出任美國公平（The Equitable）保險公司保險經紀，開始賣保險。

從保險工作中，我找到了使命感與著力點，全力追求經濟獨立，打造了優異的成績，是一生中收入最豐的時候，並且獲獎無數。但始終未忘情以自身財力，於適當時機，在新聞事業上另起爐灶。

一九八六年九月二十八日黨禁被突破，政治環境開始鬆動。次年三月十二日，在台灣還未正式解嚴之前，與司馬文武、南方朔、胡鴻仁、王健壯、徐璐等搶先共創《新新聞》週刊。

當初從保險工作中，周天瑞找到了使命感與著力點，全力追求經濟獨立，打造了優異的成績，並且獲獎無數。

舊的不去，新的不來；舊的遠去，新的到臨。此正是，「忘記背後，努力面前，向著標竿直跑，要得神……的獎賞。」（腓3:13-14）

儘管有這樣那樣的情結，但始終與余紀忠維持著禮敬的關係，九八年以「《時報》已有新的秩序，不願做個破壞秩序的人」為由，婉謝了余紀忠的召回。余大去後，撰文〈負疚與感念——敬悼亦師亦父的余先生〉（附錄如後）以表追思。

【附錄】

負疚與感念
——敬悼亦師亦父的余先生

四月九日上午，余先生從榮總返家經過了十二小時的纏鬥之後，終於大去。我即刻拉了曼玲奔赴余府，在余先生的臥床前向遺體行禮跪拜，這是我們夫婦對余先生之逝最應該的表達，也是最起碼的表達。回首前塵往事，我們不能不內心抽搐，淚如雨下。

一九七一年八月到八五年一月是我在《時報》的歲月，這是台灣能否從舊時代走向新時代的不確定年代。余先生作為一位知識分子與報人，要顧到理想與趨勢。而作為一位國民黨的中常委及報老闆，又有太多現實利害上的無奈不能不理；否則個人受害不說，還極可能誤及《時報》命脈與數千位時報人的生計。因此我既聽到太多他私下的憂時讜論，但也經常看到他繞室徘徊，甚至在作為與不作為之間彳亍瞻顧。

我以毛遂自薦而受用乃至於受知於余先生，未及六載（一九七七年元月一日）在我還未居滿三十歲的時候，即拔擢我成為當時多數同仁長我十幾二十歲的採訪主任。余先生冀以採訪組的世代交替，為未來的時代進行人才的援引與培養。這樣做的結果，《時報》果然人才鼎盛，報份率先衝過了一百萬，也被認為充滿自由主義的色彩，獲得知識界與海內外的高度肯定。高信疆在副刊上的開拓及我在採訪與專欄上的經營，蔚為《時報》當時的兩大風騷。但相對的是，情治單位嫉視，打手橫行，黨政界側目，小報告與各種帽子滿天飛。一度連最高當局那裡都產生了不信任的危機。

有意也好，無意也好，余先生不得不變成「兩手策略」的玩家。當「狀況」好的時候，《時報》中有想法的年輕人頗受重用，大有發揮空間；一旦「狀況」有變，余先生只好被迫緊縮。幾位適逢其會的頭角崢嶸之輩便注定了一場冷熱不定、來回擺盪的《時報》生涯。高信疆的撤換，司馬文武、南方朔、俞國基的兩度進出，黃年的黯然離去，王健壯的遭到冷凍都是著例。我的遭遇更具戲劇性：在採訪主任職務上的三年半當中，兩次上下，接著「放逐」國外，之後參加開辦美洲《中時》，才兩年兩個月，結果報紙關了，我成了末代總編輯，也終於告別了《時報》。

不獨我們，前前後後受到《時報》洗禮的人多如過江之鯽，他們共同參與了時報在那個時代中的聖戰，都因留下了時代的見證與美好的回憶而始終無悔。何況「追隨過余先生」這件事幾乎是每個人一生之中莫大的榮耀，不自覺地都有著得其真傳的自命。如今在許多文化或傳播界的聚會中，有「《時報》背景的」往往居半數以上，他們彼此相濡以沫，而他們之中闖蕩江湖、開創事業的也確有傲人的成績，無一不是余先生精神與風格的延伸。

約莫七年前，我邀了一批《時報》的「退除役官兵」與余先生、余伯母餐敘，那一天，這幫各自瞎忙、難得兜齊的人竟無一缺席無一遲到，他們滿懷興奮地願意向余先生伉儷表達感念之情。我做主為大家選購了一個玉如意作為送給余先生的贈禮；並且靈光一閃，將「長在我心」四個字刻在上面，這批老友個個心領神會。余先生那天顯得特別高興，談興很濃，

離開《中國時報》後，我邀了一批《時報》的「退除役官兵」與余先生、余伯母餐敘。

一切恍如我們圍繞在余先生身邊當年。看得出來，從那天起，余先生對這些部屬離去的遺憾與尷尬也一掃而空了。

老實說，在我離開《時報》的時候我是有些怨懟的，因為我對余先生停辦美洲《中時》的決定很不以為然，並且這麼重大的決定，余先生竟未嘗徵詢我的意見，對於報紙總編輯這樣做很是不妥。因此當七個多月後余先生到了美國要見我，我幾度推託，我曾經私下發願此生不想再見到他。

沒想到在一次湊巧的電話中，余先生迫切地希望對我說一句話，接著他用他那特有的魅力緩緩地說：「天瑞，這幾個月你的心情我很了解，而我的心情你也一定很清楚，唉，說來這都是時代的不幸！」老人家用這樣的語氣尋求我的諒解，我還有什麼好說；何況「時代的不幸」，也確是事實，他都為此付出了無可彌補的代價，我個人的心情又算得了什麼！

十年後在一次葉明勳老前輩的餐會上，卜少夫、楚崧秋、馬樹禮幾位老先生與余先生自然地談起美洲《中時》這段辛酸往事，楚公忍不住直言，認為余先生當時不該急著做關報的決定，余先生自是滿腹委屈有所說明，說就說著便當眾哭了起來，久久不能自已，眾人為之動容。我在場看了格外不忍，只有幫著安慰他老人家了，我，還能再說什麼！

從離開《時報》到與余先生「復交」到他大去這十七年裡，我雖已無法追隨他於工作中，但每逢個人事業上的轉折都會向他老人家報告和請益，久之已成為一種慣性，幾與家父同樣對待。

一九八七年我從美國回來辦《新新聞》前去探望余先生，他很有風度地送我們四個字：「樂見其成」，但也好意提醒：「你們四個人個性不同，想法也不很一致，可要好好合作。」我謹記在心，並且很不容易地維繫了十年的完全合作。十年後我與趙怡另創環球電視，他雖不看好，但說如果他年輕個十歲，他也會向電視進軍。我離開環球之後，余先生擔心我流落街頭，特別央人來要我重返時報，我致函余先生：「天瑞離開《時報》已歷十三年，如今《時報》已經有了新秩序，我不想做個破壞秩序的人。」婉謝了余先生，不過余先生卻轉而在我的創業上幫了我。到中央電台之前，我又去看了他，余先生不但很高興我有了一個可以揮灑的空間，有一天晚上還在余伯母與余姊的陪同下到電台來看我；知道我正在做許多改革，特別叮囑我：「有些事千萬不要太急。」

1987年自美返台。

返抵國門，好友皆前來相迎。（右起：王健壯（背對者）、周天瑞、司馬文武、南方朔）

凡此種種，余先生對我已不是關心而已，簡直可以說是操心，這是一份極其特別的情緣。有一次一位還在《時報》的好友告訴我，余先生在與他們的談話中不時透露出對我有一份虧欠感。

這真是我不可承受之重！其實隨著歷練與年齡的增長，越發對余先生有著一份濃重的負疚之心與感恩之念。他在我那麼年輕不成熟的時候，屢次託付我重任，我雖辜負了他的期望，為他平添困擾和損失，卻因而親炙丰采，親受教誨，獲得了一生受用不盡的鍛鍊——受傷的是他，獲益的是我。他在百般無奈中將我「放逐」國外，我卻因而得以避禍，又受到他的資助在美深造——承擔的是他，得利的是我。他在萬種痛楚中停掉美洲《中時》，在諸多壓力之下，卻是先要安置我的工作，又仍要繼續供我念書，我竟報以離他而去——犧牲的是他，成全的還是我。

一念至此，唯覺汗顏無地，實不知如何報答亦師亦父的他老人家於萬一，乃擲筆長嘆，掩面而泣，不能自已。

寫於二〇〇二年四月十四日

INK PUBLISHING
POINT 16

報紙之死──我與美洲《中時》的創生與消逝

作　　者	周天瑞
總 編 輯	初安民
責任編輯	林家鵬
美術編輯	黃昶憲
圖片提供	周天瑞
校　　對	周天瑞　吳美滿　林家鵬

發 行 人	張書銘
出　　版	INK 印刻文學生活雜誌出版股份有限公司 新北市中和區建一路249號8樓 電話:02-22281626 傳真:02-22281598 e-mail:ink.book@msa.hinet.net
網　　址	舒讀網http://www.sudu.cc

法律顧問	巨鼎博達法律事務所 施竣中律師
總 經 銷	成陽出版股份有限公司
電　　話	03-3589000(代表號)
傳　　真	03-3556521
郵政劃撥	19785090　印刻文學生活雜誌出版股份有限公司
印　　刷	海王印刷事業股份有限公司

港澳總經銷	泛華發行代理有限公司
地　　址	香港新界將軍澳工業邨駿昌街7號2樓
電　　話	852-27982220
傳　　真	852-31813973
網　　址	www.gccd.com.hk

出版日期	2019年 7 月　初版
ISBN	978-986-387-298-6
定　　價	350 元

國家圖書館出版品預行編目資料

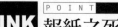

報紙之死
—我與美洲《中時》的創生與消逝/周天瑞 著.
--初版. –新北市中和區:INK印刻文學,
2019. 7面; 14.8 × 21公分. --(POINT;16)
ISBN 978-986-387-298-6 (平裝)
783.3886　108007889